社會與情緒學習行動方案
正向支持體驗活動

Social and Emotional Learning in Action:
Experiential Activities to Positively Impact
School Climate

作者｜Tara Flippo

校閱｜孟瑛如

譯者｜彭文松、陳志平、賈士萱

Social and Emotional Learning in Action

Experiential Activities to Positively Impact School Climate

Tara Flippo

Published by agreement with the Rowman & Littlefield Publishing Group through the Chinese Connection Agency, a division of The Yao Enterprises, LLC.

Complex Chinese Edition Copyright © 2021 by Psychological Publishing Co., Ltd.

目　次
CONTENTS

作者簡介

▌Tara Flippo

新罕布夏大學（University of New Hampshire）布朗創新學習中心（Browne Center for Innovative Learning, www.brownecenter.com）和戶外教育臨床教員（Clinical Faculty in Outdoor Education）的青年和學生專案負責人。二十多年來，她一直在學校、營隊、課外活動、冒險活動和教育機構與青年及教育工作者進行合作。Tara 擁有漢普郡學院（Hampshire College）戶外體驗教育學士學位及佛蒙特學院（Vermont College）社會正義和戶外體驗教育碩士學位。在加入布朗中心之前，她在 Project Adventure（PA）組織擔任了八年的經理和董事。此外她在 PA 任職期間，還曾擔任課後方案的助理主任、拓展訓練的課程主任、多元訓練的培訓師，並且在幾個美國東北的戶外教育組織擔任合同協調人。她致力於將實踐經驗和創新活動引入青年發展環境，對成千上萬的青年和教育工作者產生了正面的影響。

校閱者簡介

▌孟瑛如

學歷：美國匹茲堡大學特殊教育博士

現職：國立清華大學特殊教育學系教授

譯者簡介

▌**彭文松**（前言、簡介、第 12 ～ 23 課、附錄）

學歷：臺北市立大學教育學系博士班心理諮商與輔導組博士候選人

經歷：國內知名企業管理顧問公司課務經理；兒童、青少年、大學班課程
　　　講師

　　　孫易新心智圖法兒童、青少年課程講師

　　　台灣學校心理與諮商輔導協會理事

現職：桃園市大園國民小學專任輔導教師

▌**陳志平**（第 24 ～ 35 課）

學歷：國立彰化師範大學特殊教育學系博士

經歷：國立清華大學特殊教育學系兼任助理教授

現職：苗栗縣后庄國民小學資源班教師

▌**賈士萱**（第 1 ～ 11 課、第 36 課）

學歷：中國文化大學心理輔導學系碩士

經歷：南投縣學生輔導諮商中心諮商心理師

　　　南投縣兒童少年家庭諮商中心專任心理師

　　　諮商心理師高考及格（諮心字第 001058 號）

　　　桃園市學生輔導諮商中心駐校心理師

現職：啟宗心理諮商所合作心理師

　　　龍霖身心科診所合作心理師

　　　基隆市學生輔導諮商中心合作心理師

推薦序

　　我第一次遇見 Tara 是 1990 年代中期，在波士頓港一艘約 10 公尺長的帆船上。我們帶領著青少女們進行外展活動（Outward Bound）課程。我們有很多共同之處：我們倆都熱衷於把年輕人帶到戶外，透過新的技能開發和經驗來增強他們的能力。那是個激勵人心的時刻，Daniel Goleman 剛出版了他開創性的《EQ》（*Emotional Intelligence*）一書，也成立了「學業與社會情緒學習協會」（Collaborative for Academic, Social and Emotional Learning, CASEL，當時稱為 Collaborative for Advancement of SEL）。在那場令人興奮的外展活動結束後，我們分道揚鑣，但 Tara 和我繼續著方向一致的旅程——與年輕人一起工作，為社會與情緒學習（social and emotional learning, SEL）新領域做出一些貢獻。

　　我的角色是一位課堂裡的老師，也是野外教練、研究生、SEL 的訓練者及顧問、學校諮商師以及家長，我親耳聽到孩子們的希望、需求與擔心。儘管其中一些擔心並沒有隨著時間的改變而有所不同，但是隨著世界的快速發展，有些擔心已經產生了變化，變得更錯綜複雜。現今，同儕之間的互動可以全天候的在社交軟體上進行，這也為溝通互動產生了一個新的面向。同時間，有報導指出，年輕人的生活中出現了前所未有的孤獨、焦慮、憂鬱與壓力。

　　青少年醒著的時間裡有一半都在學校度過，而我相信學校蘊含著巨大的潛能，可以來消除孤獨、離群索居和壓力。學校可為孩子們提供面對面互動的機會，了解他們個人的才能、需求和經歷如何使他們變得與眾不同。互相了解和同理心的建立，可以有效化解敵意與刻板印象。對多數的老師和校長來說，首要任務是創造正向積極的學校氣氛，因為它確保了最

佳的學習、成長與改變的條件。研究證實一個常識性的事實，就是當人們與他人**互動**且感到**安全**時，學習效果最好，但是我們如何能夠確保達到這一點呢？

我目前擔任 SEL 研究機構（Institute for SEL, IFSEL）的教育顧問，我與來自國內各地各式學校的教育工作者與管理人員進行互動交流。我們共同努力加強或重新設計全校性的系統來支持學生、老師和家長。透過 SEL 課程，學生們了解了自己與彼此，而更直接的結果是成為愛與包容的群體。在 IFSEL 與學校的合作中，我們看到了 SEL 的生命力與情感流露的多樣性，這些都被融入到學校的組織、規範與生活實踐中。許多學校開設了品格教育或生活技能課程，教導他們身處的社區所重視的理念與想法，但我們不斷聽到老師們說：「我們如何在談論理念和想法之外，還能鼓勵他們**具體展現**重要的價值觀，如和平、正義與合作？」SEL 與體驗式學習（experiential learning）提供了答案與指導方針，所有這些都是基於過去的研究與實作，而《社會與情緒學習行動方案》（*Social and Emotional Learning in Action*, SELA）結合了這方面的智慧，並使教育者容易理解。

過去三十年間，新罕布夏大學的布朗中心曾與數千所學校合作，將行之有效的實作從戶外教育及體驗教育帶進教室中，改變了學校文化並鼓勵學生了解自己、建立共同體、成為積極的改革推動者。在 Tara 的指導下，他們與學校的合作，幫助他們建立了情感上的安全感、尊重與包容的文化，學生可以充分發揮他們的潛能。《社會與情緒學習行動方案》是多年來實施短期和長期青少年發展／學校氣氛方案的展現，透過這本令人感到興奮的教材，可讓更多廣大的教育工作者和學生受惠於這種健全的教育方法。

我期待這本書能作為一個實用與及時的資源。學校需要書中所蘊含的智慧，而教師將會發現本書是一個容易遵循的指南，透過工具來賦能導師、輔導者或催化者。這些精心安排的課程創造了安全與信任，並為引導進入健康的探索之旅鋪了一條路，這正是青春期的一項主要發展任務。這

些課程與活動為這趟旅程提供了一些路線圖，創造出反思、合作和成長的機會。更重要的是，這些活動教會學生如何積極主動的合作，並欣賞個別差異的價值。

　　我鼓勵你們運用這本書，嘗試和學生一起進行書中的一些活動，加入那些透過體驗和平、團隊合作、正直、尊重、包容和同理的價值觀，來改變人們的工作與溝通方式的教育工作者之列。我希望我們每個人都能竭盡所能，一間教室、一所學校，創造一個更加和平公正的世界。

Elizabeth McLeod 教育碩士

IFSEL 教育顧問暨共同創辦人

美國加州蒙塔拉

前　言

關於本書

　　《社會與情緒學習行動方案》（SELA）是一本容易使用的教材，由學校環境中的教學者和諮商相關工作者激盪而成。這些課程的教學基礎是圍繞著學業與社會情緒學習協會（CASEL, www.casel.org）的研究結果而形成的，這說明了社會與情緒發展方案的參與對學業成績有正向的影響。CASEL 已經確定了五個相互關聯的認知、情感、行為的能力：自我覺察、自我管理、社會覺察、人際關係技能和負責任的決策能力。SELA 的課程涵蓋了這五項能力。SELA 可以發展為全年一系列的課程或是模組化的流程，這是課堂、諮商、諮詢計畫用來處理這些主題時很理想的選擇。相反的，教育工作者也可以運用這些作為獨立的課程，將體驗式學習和社會與情緒學習的好處整合到課堂中。

技能的發展

　　透過參加循序漸進的 SELA 活動，學生能發展和具備他們的 SEL（社會與情緒學習）技能與能力，每個月可以朝著不同的目的和目標前進，這些進展都建立在前一堂課的基礎上。這些技能和能力包括：

- 了解個人的優點和優勢，以及它們對團隊成功有何貢獻。
- 適當的表達情感、反應和想法。
- 覺察到他們的行為如何影響到他人。

- 對自己和他人的正向態度。
- 掌握做決定和問題解決的架構化模式。
- 了解處理衝突和壓力的健康管道。

這本書是為誰而寫？

教育工作者、國中和高中老師、學校行政人員（主任／校長）、學校諮商輔導人員以及與青少年工作者，他們會發現這是確實可行的教材，可以透過隨手可得的資源來處理社會與情緒學習的內容。課程中的活動對 21 世紀的學校氣氛和發展技能將會產生正面的影響。此外，就滿足學校有關社會與情緒學習的標準來說，本書可謂是非常有用的資源。

課程架構

書中的 36 課，每一課都以預定的主題、重點和活動為開始，包括活動內容、預期的時間架構以及所需的材料。

主題：容易搜尋的主題。如果老師不想要按照順序或是使用特定的章節，主題能引導讀者找到適當的課程。例如：如果要上一節關於信任的課程以符合當週更廣泛的課程目標，可以很容易從本書找到與「信任」有關的適當課程。而有些主題涵蓋了好幾堂課。

重點：這是教育工作者專注於個別課程的關鍵，每節課都有一個獨特的重點。

活動：在每課中以及全書的 36 課，均是有意的安排順序。活動進一步細分為目標、設定、流程、過程、反思問題與促進技巧。

材料：每一課所需材料的清單。附錄 N 是一份可從辦公用品店、體育用品店或工藝品店容易購得的 SELA 材料清單；額外的專業材料，也可以透過體驗訓練的公司訂購。專業的物品則是 SELA 課程最貴的支

出，然而這是一次性的成本。如果你的學校曾進行過體驗活動，與
體育或諮商人員確認一下，看看這些專業的物品（教材）是否已經
購置完成可以借用。

　　大多數的課程中包含某種形式的熱身（好讓你的學生集中注意力並回
到「此時此刻」）、一個或多個活動（課程的「內涵」），以及反思活
動。這種反思〔或「總結」（debrief）〕是學生技能發展的核心。在持續
的反思實踐中，學生在每一次活動結束後都會回顧，審視他們的團隊和個
人的歷程，找出有助於他們成功或是阻礙他們表現的行為。

　　請注意，有些活動需要事先準備（例如：資料的影印、剪下附錄中的
提示卡等）。

　　還必須為某些活動蒐集和購買設備，在開始實施這些課程之前，請參
閱附錄 N 中的教材清單。

為什麼是體驗活動？

　　體驗活動（experiential activity）激發學生對於現實目標所需行為的洞
察力。這些活動和挑戰在本書中已做了循序漸進的課程安排。許多活動都
是針對學生所面臨的實際問題而設計的隱喻。在多年的經驗和完整的教育
方法下，這些充滿活力的課程利用了參與者的社交、認知、情緒、身體動
能等能力。活動是循序漸進的發展，也就是說在接受問題解決或建立信任
的活動挑戰之前，學生會先了解彼此並建立一種溝通共識。

　　SELA 的活動取材自冒險和體驗教育領域，並改編自各種資源（詳見
附錄 M），特別是本書受益於 Project Adventure 組織（www.pa.org）的課
程與活動。

致　謝

　　這本書是新罕布夏大學布朗創新學習中心工作團隊多年努力耕耘的結晶。2008 年，當我以青年和學生專案的專案負責人的身分來到這裡時，布朗中心的工作團隊剛完成一個與多所中學合作了幾年，名為 Edventure 的全年課程。儘管 Edventure 課程很受到歡迎，也很吸引人，但是我發現還是有必要進行修訂，因此改變了課程的重點與表達方式，增加了一些新的活動，並改善了結果。最後的結果是 Edventure 課程增多了一倍，並改變了整個課程計畫與課程內容的篇幅。現在的問題是如何把我們的課程交到教育者手中（我們知道這至關重要）。到了 2014 年，答案已經呼之欲出：將課程轉化為書本形式。

　　現在你手上的這本書代表了多年來編寫的手稿，是一系列體驗教育課程的基點，經過擴充、重新編寫和編輯，適合各種形式。老師們對於課程的反應非常正面，學生的行為得到了改善，一種強化正向行為的共同語言獲得共鳴，學生技能增進了，這些能力被類化到其他課程，年輕人也承擔新的領導角色。

　　當我撰寫這本書的時候，我經常提醒自己，這一切是在一個厚實的基礎上建立起來的。無論是以前的同事還是現在的同事，他們的工作都讓我擁有了豐富最佳實踐知識的基礎，讓我能夠辨別出哪些可行、哪些不可行。要感謝的人很多，我特別感謝 Anthony Berkers、Jo Weston、Sharon England、Melanie Nichols 和 Logan Westmoreland，他們早期的版本啟發了今日這本書。我也要感謝我的督導 Mark Stailey 對我的專業指導，Mark 讓我相信我能夠完成一本書的創作。他確保我在六個月的時間內能把寫作放在第一順位。

　　我還要感謝我的母親 Rona Flippo，她是一位經驗豐富的作家，她對出版和書稿製作過程的深刻了解，對我這個初出茅廬的作家來說是無價的。若是沒有我的父母親——Rona 和 Tyler 的愛與支持，我不可能完成這本書。最後，感謝我的姪子、姪女和義子給我靈感，讓我創造了重要的社會與情緒學習的課程。Elena、Zoe、Sam、Katelyn、Robert 和 Alex，你們都是最棒的。

譯序一

　　小學輔導工作中會遇到很多的個案類型，其中情緒困擾的個案是服務的大宗，其實這類的孩子很需要學習如何與他人互動、如何解決問題。國內雖然在團體諮商輔導領域中有很大量的團體方案可以參考，但是卻少有可以進行全班、全校性的課程來協助孩子們的社會情緒與問題解決策略的學習。博士班進修過程中聽到喬治亞學院州立大學江慈敏教授的分享，江慈敏教授介紹了很多有關於社會與情緒學習方面的教材，讓我對此領域產生更濃厚的興趣。偶然的機會瀏覽 Amazon 網頁，看到 *Social and Emotional Learning in Action* 這本書便毫不猶豫的買下它，看完之後覺得非常適合推廣成全班性或全校性的社會情緒教育課程，並解決現在工作上的困境，於是向摯友志平與服務單位的駐校心理師士萱討論有無可能一起合作翻譯這本書，志平請我與孟瑛如教授討論，孟教授一口答應幫忙協助，我們便開始這一本書的翻譯工作。

　　隨著時代的改變，一個人的成功不再只是靠著聰明才智，更多時候需要靠的是他的情緒控管能力。少子女化的情勢下，多數時候孩子可以從家長身邊得到很多的資源，但是卻少有分享的能力，更欠缺問題解決的能力，因此在人際互動的過程中出現了些許的困難。而這本書也呼應了 108 課綱的需求，從素養的概念培養起孩子的能力，Saarni 在 1999 年出版的《發展情緒能力》（*The Development of Emotional Competence*）一書中提到情緒的八大核心能力，八大能力的介紹除了是基本能力之外，更是一種知識與態度的建立，而這些概念與 108 課綱的核心素養是相呼應的。培養兒童與青少年有良好的情緒素養、正向的情緒習慣、適當的情緒表達策略、理解他人的情緒，這些也正是「共好」的核心精神。

　　生命過程中或多或少都有不順遂的時候，如何能夠調整自己的情緒回到穩定的狀態，真的需要透過練習，而越早練習越容易累積成功經驗。本書的目的就是希望可以幫助學校老師能夠有更多的素材教導學生，讓學生對於情緒處理有成功的經驗，建立良好的人際關係與問題解決策略。最後，再次感謝本書的校閱者與所有的譯者，更感謝心理出版社林敬堯總編輯協助促成這本書中文版的問世，並於忙碌的工作中提醒著我們這本書出版的重要性。再次感謝所有人對兒童與青少年情緒教育工程付出的努力。

彭文松
2020 仲夏於桃園

譯序二

　　很高興參與本書的翻譯。由於個人任教多年以來，一直在蒐羅兒童和青少年在社會與情緒學習方面的教材，特別是在教育部 108 課綱上路之際，摯友文松向恩師孟瑛如教授（也是本書的校閱者）提出想要翻譯這本書的偉大想法時，便私下向文松表達，如行有餘力，願意共同完成這項有意義的工作。

　　畢竟，社會與情緒的能力在 Daniel Goleman 出版《EQ》一書的推波助瀾下，逐漸受到世人的重視。然而，社會與情緒的學習不如學科學習那麼容易速成有效，因此多數人終歸只是表面重視，並未化成具體行動，更遑論提供兒童和青少年系統性的課程與教材，培養他們更高層次的社會與情緒能力。長期只重視表面的後果，終究讓社會付出不少代價，媒體不時出現兒童和青少年情緒失控的社會新聞。因此，十二年國教提出「自發」、「互動」、「共好」三項基本理念，正是呼應了社會情緒能力的重要性，希望透過課程與教學的改革，培養下一代能夠有效展現自我、與人溝通互動，以及與環境和諧共生的素養。

　　個人何其有幸，能在這波改革的浪潮遇到孟瑛如教授，協助其完成許多工作；也何其有幸，能在人生旅程以及學生的輔導工作上，與跨領域的文松、士萱等專業夥伴一起合作和討論。尤其本書中提到，社會情緒的學習對學業成績是有幫助的，更深深影響著個人在認知、情感，以及自我覺察、自我管理、社會人際關係和決策等方面的行為能力。顯見運用本書教學或輔導學生時，相當適合與跨領域的專業人士合作，更可以從課程架構中迅速鎖定主題、聚焦課程與活動的核心價值，以及配合設定的時間和所需材料，順利完成活動的帶領。同時本書也針對教學者提供反思和促進教

學的技巧與圖表，讓課程的實施更加方便、容易。

　　雖說每位孩子都是獨一無二的，教學的課程也要因人而異，但是對教育或輔導工作者來說，沒有課程架構與素材，如同航行在茫茫大海的小船，不但失去方向，更是失去前進的動力。本書正好提供前進的指引和燃料，而本書的所有譯者、校閱者，以及心理出版社的敬堯總編輯，更是同舟共濟的好夥伴，共同將這些兒童和青少年們搭載到他們生命中的彼岸！在此衷心感謝這些貴人夥伴們！

陳志平

譯序三

　　工作多年後發現，在老師們的求救電話中，最常出現的就是班上有學生情緒失控，干擾課堂秩序，需要輔導人員協助安撫學生情緒，以利課程的進行。這些情緒失控的孩子，動輒以哭泣、尖叫、跺腳、摔東西、攻擊他人等方式，來表達那些無以名之的情緒。透過這麼用力的表達，才可以讓情緒有一個抒發的管道，也才能讓別人聽見自己的聲音。有的時候，在週末的公共場合，也常看見情緒失控的孩子和父母上演著各種的角力。不能買這個玩具、不可以吃冰淇淋，要回家了、下次再玩，各種不能滿足孩子需求的情境，成為點燃孩子情緒的導火線，哭鬧、在地上打滾，一發不可收拾。

　　回顧成長過程，學校教育強調的是語文、數學等專業知識的學習，家長們關注的也多是每次段考成績的表現如何，鮮少有人告訴我們如何覺察情緒、如何找到一個合適的詞彙形容情緒、如何和情緒做朋友，或是教導我們，如何陪伴有情緒的自己，梳理自己的情緒，找到一個與情緒和平共處的方式。

　　回到實務工作現場，要如何教導孩子認識情緒，也不是件容易的事情。市面上可以找到許多和情緒有關的繪本或教材，即使是同一個作者、一系列的課程，內容大多仍是探討單一的情緒，課程間彼此各自獨立，缺少一個完整的架構。當文松詢問我是否有意願一起翻譯此書時，有鑑於它是一個完整的課程，彼此互相連貫，又是透過體驗活動，來提升學生對情緒的認識及解決問題技巧，我很爽快的答應一起投入翻譯工作。

　　所謂隔行如隔山，儘管本書內容與本業高度相關，要把它從英文的語法換成中文的敘說方式，仍然不是件容易的事，即使很多時候明白作者想

要表達的意思，在下筆時仍會糾結於直譯或是換句話說。本書的翻譯仍有很多不足的地方，期望各界的前輩能不吝指教，也希望這本書的出版能夠為華人的情緒教育略盡棉薄之力，幫助更多的孩子免受情緒困擾之苦！

賈士萱

簡　介

選擇社會與情緒學習的理由

「學業與社會情緒學習協會」（CASEL）成立於 1994 年，致力於將社會與情緒學習（SEL）融入學校。CASEL（2015）對社會與情緒學習的描述為：

> 藉由這個過程，兒童和成人獲得並能有效運用必要的知識、態度和技能，來理解和管理情緒、設定和實現正向目標、感受和表達對他人的同理、建立和保持正向的關係，以及做出負責任的決定。（CASEL 網站）

自成立以來，CASEL 的影響範圍已經擴大到宣導將社會與情緒學習（SEL）納入學校，這些努力包括提升教師的補助金、立法、研究，以及影響學校的標準。

眾所周知，學校面臨著越來越大的壓力，要求他們在不犧牲時間準備高利害關係的考試前提下，在學生身上培養 21 世紀的技能。而研究指出，「社會與情緒學習行動方案」（SELA）的學生更有可能參與學校活動，並與同儕或學校的教職員工建立有意義的關係。

> 當教育工作者營造關懷的學校環境、教導核心的社交技能時，一個良性的循環就會產生，在這個良性循環中，正向積極的互動會產生更多正向積極的互動。所有的這一切創造了一種文化（氣

氛），在這種文化中，學生和老師互相尊重，享受彼此同在的感覺，進一步強化關係，並激勵學生和老師盡最大的努力。（Edutopia 網站，2015）

2011 年的一項後設分析涵蓋了兩百多個方案和三十多年的研究，為 CASEL 的努力提供了一個令人信服的案例。

研究人員發現社會與情緒學習（SEL）改善了學生對自己和他人的態度。學生參加了以 SEL 為中心的課程後，他們的學業成績有顯著的提升，在標準化考試上成績提高了 11 個百分點。

研究也提到，學生 SEL 技能的提升與提高自信心、心理健康、溝通技巧，和同儕及成年人的關係都有關聯；此外，投入危險和反社會行為也減少了，如吸毒、酗酒和暴力行為。（CASEL 網站）

Edutopia（2015）引用了幾個研究結果，除了同儕之間與學生和學校教職員之間的關係更穩固之外，學生個體的成長也非常顯著。

自我調節，即控制和管理想法、情緒和行為的能力，在許多研究中都與學業成就有關。那些對自己的學習能力更有自我覺察和自信的學生會更加努力，並堅持面對挑戰。那些設定高學習目標、自律、自我激勵、管理壓力、組織工作方法的學生會學到更多，成績也會更好。最後利用問題解決的技巧來克服障礙，並對於學習和完成家庭作業做出負責任決定的學生，在學業上表現得更好。（Edutopia 網站）

SELA 透過一種體驗式的方法強化其效果。長期以來，人們都知道體驗教育可以培養批判思考、反思和終身學習的技能。

體驗式學習是如何運作的？

　　當學生有機會在真實的情境中學習時，比如在實習／合作專案和服務學習的課程中，學習就會變得更有效。透過參與正式的、指導的、真實的經驗，個體將他們的學習與實際經驗連結起來，有機會進行反思，從反思中獲取意義，創造新的學習，並將他們的學習**類化**到下一個體驗中。其他的好處包括提高學習動機和發展**真實世界**中的問題解決能力，這有助於培養自主的學習者。對學習過程中不斷增加的參與、理解以及樂在學習，造就了體驗式課程的開發、各國與國際協會和會議，以及無數的研究論文。不見得一定要離開教室或學校才能促進**真正的**體驗式學習。

　　體驗式學習的原則如下所列（改編自體驗教育協會，www.aee.org）：

- 透過以培養反思、批判性分析和綜合能力而精心選擇的活動，學習就產生了。
- 整個過程中，學習者積極的提出問題、進行實驗、解決問題、承擔責任、具有創造性並建構意義。
- 學習者在認知上、情感上、社交上和身體上都有不同程度的投入。
- 人際關係是發展和培養出來的：學習者對自我、學習者對他人、學習者對整個世界。
- 為學習者提供了探索和審視自身價值的機會。
- 教育者的主要角色包括有意的組織循序漸進的活動流程、設定活動規則、支持學習者、確保身體與情緒上的安全，以及促進反思的過程。
- 教育者也認可並鼓勵自發的學習機會。

Kolb 的經驗學習圈（cycle of experiential learning）有以下幾個階段。

Kolb 的經驗學習圈

具體經驗
直接參與

省思觀察
發生了什麼？

抽象概念
透過觀察創造意義

主動驗證
嘗試新想法和技巧

建立團體：
彼此了解

一、方案介紹（5 分鐘）

二、磕磕碰碰（10 分鐘）

三、共同性（15 分鐘）

四、類別（15 分鐘）

• 無

一　方案介紹（5 分鐘）

　　教師（帶領者）自我介紹，並告訴學生你對他們參加 SELA 課程的期望。

二　磕磕碰碰（10 分鐘）

目標：一個有趣的遊戲，幫助學生記住別人的名字。

設定：讓成員圍成一圈站好，你站在圓圈的中央當領導者。

流程：告訴學生：「這是一個有趣而節奏很快的遊戲，可以幫助我們記住別人的名字。」

1. 站在圓圈中間當「鬼」的人，可以隨意指出圓圈中任何一個人，直視著他的眼睛，說出「左」、「右」、「你」或「我」。
2. 被指到的那個人，必須快速的說出他左邊或右邊、他自己或鬼的名字。
3. 按照這樣的規則，沒有時間限制的先玩幾輪。
4. 要求學生跟著你唸「磕磕碰碰」。
5. 重複步驟 2，但這一次在「左」、「右」、「你」、「我」的指令後，要立刻加入「磕磕碰碰」幾個字。
6. 被指定的人一定要在鬼說完「磕磕碰碰」的最後一個字前，喊出左邊、右邊、他自己或鬼的名字。假如沒有做到，被指定的人和鬼交換位置。

促進技巧

　　一開始先放慢速度喊「磕磕碰碰」，學生會逐漸加快速度。

三 共同性（15 分鐘）

目標：發現和其他學生間的共同點。

設定：請學生兩兩一組，最好是和他們不是那麼熟悉的人一組。

流程：告訴學生：「在這個活動中，你會發現原來你和別人有一些共同點。當我們越認識彼此，我們越有可能一起合作。」

1. 兩人小組中，學生試著列出數個從外觀上看不出的共同點。
2. 給他們幾分鐘的時間，然後請各小組分享幾個他們發現最奇特或有趣的共同點。
3. 變化：請學生換另外一位夥伴，或是讓他們改為四人一組。

促進技巧

　　共同性可能包括了會說同一種外語、兄弟姊妹人數一樣、名字是同一個字母開頭等，但是**不**包括那些你可以看得出來的，像是同樣戴眼鏡，或都是捲髮等等。

🔟 類別（15 分鐘）

目標：發現跟同儕有更多的共同點。

設定：在教室內空出一塊能讓學生自由走動的空間。

流程：告訴學生：「有另外一個活動可以幫助我們認識彼此，並且建立我們的團體。」

1. 請每一個人起立並且四處走動；解釋接下來你會宣布一個類別（可參考下方的建議類別或是使用你自己的清單），參與者需要很快的根據這些類別，將他們分成不同組別。例如，假如你說：「最喜歡的冰淇淋口味」，所有喜歡巧克力口味的學生聚成一組，喜歡草莓口味的學生一組等。

2. 一旦每個人都有組別後，詢問每一個組別，幫助他們確認自己找到正確的組別。

3. 變化：請學生根據他們喜歡的類別進行分組。

促進技巧

❖ 建議的類別：

- 你最喜歡的季節？
- 你有幾個兄弟姊妹？
- 你最喜歡的飲料是什麼？
- 你的眼睛是什麼顏色？
- 你最喜歡的運動是什麼？
- 你鞋子的尺寸？
- 你最喜歡的音樂團體？
- 你最喜歡的顏色？
- 假如你有一輛車，那會是什麼車？
- 假如你有超能力，那會是哪一種能力？

建立團體：發現連結及共同點

活動

一、交叉連結（10 分鐘）

二、名字的故事（10 分鐘）

三、你曾經……？（25 分鐘）

材料

* 圓形標籤（每個學生一個）
* 「你曾經……？」句型卡（影印自附錄 A）

❶ 交叉連結（10 分鐘）

目標：快速、有趣的暖身活動，讓學生彼此很快的有一些互動交流。

設定：讓成員圍成一圈站好。

流程：告訴學生：「問候是一個讓你知道自己是團體一分子的重要方式。我們要快速的用各種獨特的握手方式來介紹自己。」

1. 讓學生兩人一組並且用獨特的握手方式和他的夥伴打招呼（參考「促進技巧」）。

2. 請學生換一個新的夥伴，並且再用另一種握手方式向新夥伴介紹自己。

3. 提醒學生要記住他們和每個夥伴獨特的握手方式為何，因為他需要再次找到同伴。

4. 一旦學生完成了三到五次的握手方式（都是和不同的人），喊出一種握手方式並且讓學生快速的找到該名夥伴，再一次做出這個特殊的握手方式。

5. 接連喊出幾個握手方式，學生們會忙著從這個夥伴找到下一個夥伴。

6. 變化：分享你自己獨特的握手方式，或是讓學生分享他們最喜愛或最特別的握手方式。

安全檢查

當學生急著找到自己的夥伴時，要小心不要撞到別人。

促進技巧

學生如果對好幾個同儕使用同一個握手方式會造成混亂，每種握手方式都只能連結一個夥伴。

❖ 握手方式舉例：

- 手舉高擊掌。
- 手放低擊掌。
- 握拳或拳頭與拳頭輕碰。
- 伐木工人：一開始是握拳拇指朝上，夥伴抓住拇指並且豎起他自己的拇指。兩人以類似的方式堆疊雙手，直到四隻手形成「鋸子」，保持良好的姿勢，模仿來回鋸東西的動作。
- 魚尾巴：每個夥伴伸出手臂像要握手的姿勢，但並非握手，而是放在夥伴的手肘部附近並且輕輕拍打像是魚尾巴晃動的動作。
- 酪農：一個夥伴十指緊扣拇指向上。 大拇指再旋轉向下，創造出像牛的「乳房」的樣子。另一名學生則做出像擠牛奶的動作。
- 商人：兩個學生都比「6」做出在講電話的樣子，並且彼此點頭，友

善的擊拳。

➋ 名字的故事（10 分鐘）

目標：小組活動，學生透過說故事或他們名字的起源來討論他們的背景。

設定：讓學生跟一個他不是很熟悉的人配成一組。

流程：告訴學生：「我們都有獨特的背景和家庭傳承。這個活動透過說說你姓名背後的故事，來分享一些跟你家有關的事。如果你還有綽號，也可以一併分享。」

1. 在兩人小組中，請學生說說關於他名字的起源或歷史、他們為什麼被取這個名字，以及他的家鄉在哪裡。告訴學生之後需要介紹他們的夥伴，以及關於他們名字一件有趣的事。

2. 讓學生至少有 3 到 4 分鐘的時間討論，然後讓他們向全班介紹他們的夥伴。

➌ 你曾經……？（25 分鐘）

目標：和其他小組探索共同經驗。

設定：讓團體圍成一圈站著，每個人腳下放一個圓形標籤（不包括你自己）。在最後為你自己放一個圓形標籤（可以是不同的大小或顏色），並且指定它為「原點」。

流程：問全班：「你曾經想過這個班上的哪一個人有去國外旅行過，或誰會說另一種語言，或誰有超過四個兄弟姊妹嗎？現在是我們可以更加認識彼此的機會。」

1. 問第一個「你曾經……？」的問題（附錄 A）。對學生解釋：「假如這個問題你的答案是『是』，那麼你就要從這個標籤移動到一個新的標籤，但不能是隔壁的標籤。假如你的答案是『沒有』，那麼你就留在原地不動。最後會有一位學生站到『原點』。當每個人都站好後，站在原

點的學生就要拿一張新卡片並且讀出下一個問題。」

2. 在原點讀出問題的人必須移動到一個新的標籤，不論他對問題的答案是肯定或否定。這是為了確保每一次都會有一個新的人站上「原點」。

3. 在活動中，對於那些移動的學生，你可以問一些跟進問題，像是：「你會說哪種其他的語言？」或「你有幾個兄弟姊妹？」如果合適的話，你也可以讓學生彼此問問題（如「我對_____很好奇」）。

4. 變化：除了使用「你曾經……？」句型卡，學生也可以選擇創造自己的「你曾經……？」句型，這個句子對於提出者而言必須是發生過的。注意這些問題必須要適合團體。

安全檢查

提醒學生在換到新的標籤位置時，小心不要撞到別人。

促進技巧

「你曾經……？」句型卡（附錄 A）：這是一些作為起始的問題，活動前你也可以在空白卡片上寫下其他的問題。影印並剪下來。此外，活動中你也可以邀請學生創造其他的句型。

❖ 跟進問題：

- 當你移動時，你會訝異看到其他人也移動嗎？
- 你知道你和其他人有這麼多共同點嗎？你也知道你們還有許多的不同之處嗎？
- 在這個活動中你還學到了什麼？這對我們在一起相處時可能有什麼意義？

LESSON 3

建立團體：全方位價值及選擇性挑戰

⚽ 活 動

一、膝蓋攻防（10 分鐘）

二、舒適區（10 分鐘）

三、全方位價值概念（10 分鐘）

四、小組雜耍（15 分鐘）

✍ 材 料

- 兩條繩子
- 遮蔽膠帶和筆（或油性麥克筆）
- 羊毛球（每個學生一個）
- 白板或海報板，以及各色白板筆

➊ 膝蓋攻防（10 分鐘）

目標：試著去抓到其他學生，但同時也不要讓自己被抓到。

設定：在教室中間清出一塊空地，並且讓學生圍成一圈。

流程：告訴學生：「這是個讓我們暖身且有趣的抓人遊戲，在膝蓋攻防的活動中，你可以決定有哪些時候你要安全，也可以有想要冒險去抓其他玩家的時候。」

1. 這是一個「鬼抓人」（Everybody's It）的變形，在活動中每個人都是「鬼」（It），也同時避免被別人抓到。

2. 展示遊戲中的兩個姿勢：

   • 膝蓋略微彎曲，雙手覆蓋膝蓋。採取這個姿勢時，學生不能移動，也不能去抓（tag）其他人，但別人也不能抓他。

   • 雙手舉高站立（就像被挾持）。採取這個姿勢時，學生可以移動，也可以抓別人，同時他們也可以被抓。

3. 當某人正在移動或抓別人時，如果觸碰到對方的膝蓋骨，即可得分。為了要能夠成功得分，學生的手必須離開他的膝蓋，因此他們也容易被攻擊。

4. 變化：介紹「舉起手來」規則。當你的團體聽到你喊：「舉起手來」，每個人必須將他的手舉高超過頭頂，並且不能防守他們的膝蓋。或他們也可以選擇放下一隻手，去輕拍其他人的膝蓋，但就僅止於此！很快的你喊「手放下」，讓大家回到原本的姿勢，直到下一個人喊「舉起手來」。

安全檢查

注意你的頭！大家的焦點全部集中在膝蓋和手，在避免被抓到的同時，可能會忽略了有撞到頭的可能性。

促進技巧

稍後，在「舒適區」活動的探討中，你可以指出學生如何選擇讓自己在膝蓋攻防活動中變得易受攻擊（或不是），來作為選擇性挑戰的一個例子。

● 舒適區（10 分鐘）

目標：了解尊重以及根據個人挑戰的程度支持自己和其他同儕的決定之重要性。

設定：用遮蔽膠帶或兩條繩子創造出三個不同的區域，如下所示。

舒適區	伸展區	恐慌區

流程：向學生解釋在他們面前三個不同區域的意義為何（參考「促進技巧」）。

1. 學生必須要根據每一個問題，移動到最符合他的「區域」。

你對＿＿＿＿＿＿的感覺如何？

- 蜘蛛
- 在眾人面前說話
- 在眾人面前獨唱
- 在合唱團裡唱歌
- 高空彈跳
- 高度
- 面質朋友做過的事或說過的話
- 蛇
- 參加數學測驗
- 向剛認識的人介紹你自己
- 參加駕駛考試
- 來上課

2. 每一輪進行之後，都讓學生看看其他人的回應，並留意回應的多樣化。

3. 你（或學生）可以加入新的問題。

促進技巧

可以對學生說明：「當提到『選擇性挑戰』（challenge by choice）這個概念，談談挑戰和選擇的想法是有幫助的。當我們在舒適區，我們是在

一個安全又可靠的環境。透過選擇離開舒適區進入伸展區，我們開啟了新的想法和經驗。從本質上來說，我們開闢了新天地。雖然有時並不容易，但這是最佳的學習。我們要試著避免的是從伸展區進入恐慌區，恐慌區是無法進行學習的區域，因為威脅感太大了。」

❖ **和學生探討的問題：**

- 每個人會進入不一樣的區域嗎？這對這堂課來說有什麼意義？
- 假如有人的選擇跟其他人不同，這代表什麼意義？
- 我們可以怎麼支持每一個人的選擇？
- 我們可以如何鼓勵你踏進伸展區，而不會給你太多的壓力？
- 當你在你的恐慌區時，我們可以怎麼幫助你？

三 全方位價值概念（10 分鐘）

目標：為學生提供「團體規範」的框架，稱為全方位價值概念（Full Value Concepts）。我們的全方位價值概念將成為行為契約，引導我們團體工作或個人對團體的行為承諾。

設定：讓學生圍成一圈舒適的坐著。

流程：告訴學生：「SELA 方案中有一部分是『全方位價值』。全方位價值概念是團體對行為的承諾，是健全的學習團體的一部分。對每一個人而言，當我們有共同的定義，我們較易知道大家期待出現怎樣的行為。我認為表示尊重的方式和你認為的方式可能非常不一樣，除非我們討論，才會有共識。」

1. 在白板或海報板上寫下「全方位價值概念」：

- 投入（be here）。
- 安全。
- 誠實。
- 設定目標。

- 照顧自己和他人。
- 放手並繼續前進。

2. 簡短描述每一個概念的意思：
- 投入：專注在當下。
- 安全：注重身心安全。
- 誠實：當給予或接受回饋時，只說真心話。
- 設定目標：可實現以及正向的。
- 照顧自己和他人：做個團體中負責任的成員。
- 放手並繼續前進：用回饋來成長。

3. 接下來請學生提出具體的例子，如「＿＿＿＿＿＿看起來像什麼？」或「＿＿＿＿＿＿聽起來像什麼？」在白板上列出一張清單可能會有所幫助。假若學生給一些很通用的答案像是「支持」或「團隊合作」，讓他們說得更多和更具體一點（例如：「如果這個團隊是互相支持的，那你會聽到什麼？」）。

㕡 小組雜耍（15 分鐘）

目標：藉由玩一個有趣的遊戲來複習「全方位價值概念」。

設定：讓成員圍成一個圓圈，彼此的距離不要太遠也不要太近。

流程：告訴學生：「接下來的活動將為全方位價值概念活動注入活力。一開始每個人都要在遮蔽膠帶上寫下一個你覺得非常重要或很難遵守的全方位價值概念。接著我會給你們一人一個球，你要將你的答案貼上去，這個活動需要我們有效的兼顧這些概念。」

1. 從一個球開始，根據以下的指示發展一種丟球的方式：
- 你不能向右手邊或左手邊的人投擲。
- 在發展階段時，你只能拋接一次。
- 一旦每個人都已經拋出一次且拿到了球一次，確認此模式可被再製

（亦即大家都明白遊戲規則了）。

- 多練習幾次這個模式。

2. 請團體設定一個目標：他們認為一次最多可以同時丟幾個球（不可超過團體人數）。

3. 學生嘗試盡可能的同時丟好幾顆球，並且沒有任何一顆掉在地上。每一組先從幾顆球開始試起，再逐步增加球的數量。

4. 討論問題：

- 當球掉下來時，發生了什麼事？

- 這些反應跟我們遺落了一個「全方位價值概念」時的反應是否相似？

- 要同時處理好幾個規範困難嗎？

- 我們是否有信心可以管理好我們的「全方位價值概念」？

安全檢查

不鼓勵粗暴的丟球行為。

促進技巧

有些學生可能在丟球或接球上有困難，要確認已建立一個正向的氛圍，而且一開始的拋擲是比較緩慢的。可以使用豆豆娃（Beanie Babies）或其他小的絨毛玩具，會比較容易接住。

LESSON 4

建立團體與全方位價值契約：發展團體規範

⚽ 活動

一、全方位價值速兔（15 分鐘）

二、存在（30 分鐘）

三、決定拇指（包含在「存在」活動內）

✍ 材料

- 掛圖紙
- 遮蔽膠帶
- 各色可水洗彩色筆

● 全方位價值速兔（15 分鐘）

目標：用有趣的方式複習上一課的全方位價值概念。

設定：請學生肩並肩站著，並圍成一個圓圈。開心的演示這個活動，並且和學生扮演樂在其中、滑稽行為的角色模範。這營造了一種輕快的氛圍，並且加強傳達出這裡允許嘗試新行為的訊息。

流程：複習第 3 課分享的全方位價值概念，告訴學生：「我們準備玩一個要用到每個全方位價值概念的遊戲。」

- 投入。
- 安全。
- 誠實。
- 設定目標。
- 照顧自己和他人。
- 放手並繼續前進。

1. 協助團體發展出可以代表每一個全方位價值概念的象徵（如姿勢或動作）。每一個象徵均需由三個人組成（參考「促進技巧」的範例）。在遊戲開始前，協助團體練習發展出各種象徵。

2. 選一個人（領導者）到圓圈的中間，領導者在圓圈中間轉圈圈，然後隨意的指向一個人並且喊出六個象徵之一。領導者接著數到 10。

3. 被選到的人成為這個象徵的主要扮演者，在他左右兩側的人也要協助演出。在領導者數到 10 前，他們要彼此協調演出這個象徵。假如他們沒有做到，被選到的這個人需要和領導者交換位子；若及時完成，則領導者繼續轉圈，選下一個人及下一個象徵。

4. 變化：當團體已經很熟悉這六個象徵，可以加入動物或其他有創意性的象徵，繼續遊戲（參考「促進技巧」的範例）。

5. 討論：讓團體分成好幾個小組，讓每個小組討論一個全方位價值概念。學生應該要回答這些問題：「我們要如何知道何時我們有在執行全方位價值概念，何時沒有呢？」每個小組都要向全班分享他們的答案，全班討論可以怎麼維持這些概念？誰要負責監控大家有沒有做到？

促進技巧

❖ 關於象徵的一些點子：

給他們一些如下的範例之後，讓學生創造他們自己的象徵。

- 投入：中間的人像相撲選手一樣的站著，手放在臀部附近。兩邊的人

各抓住他的一隻手臂並輕輕的拉，藉此顯示出中間的人就在「這裡」（be here）。

- 安全：中間的人比出棒球「安全上壘」（safe）的姿勢，而旁邊的兩個人各伸一隻腿到中間，就好像要滑上壘包一樣。

- 放手並繼續前進：中間的人往回走，而兩側的人則假裝放開之前拉著的繩子。

- 大象：中間的人將左臂向下伸展，並且用右手繞過左臂抓著鼻子形成一個象鼻。兩邊的人面向中間的人並用雙臂擺出 C 的形狀做出耳朵。

- 兔子：中間的人將手放在頭上做出兔子的耳朵，兩側的人靠近他站著，用他們的腿做出快速的踢或踩的動作，就像兔子一樣。

讓遊戲保持趣味！
幫助每一個小組找到表現他們全方位價值概念的方式。

一 存在（30 分鐘）

目標：學生將會產生和全方位價值概念有關的特定團體行為規範及價值，這些是團體努力追求的目標行為。

設定：用膠帶將掛圖紙黏在一起，成為一塊大到足以容納一位成員的畫布。徵求志願者躺在這塊畫布上，並且描下他的身體輪廓（此輪廓即象徵了「存在」）。

流程：提醒學生他們在前一個活動所討論的全方位價值概念。

1. 在輪廓裡面，學生要畫下或寫下正向的、符合全方位價值規範的行為或特質（如：友誼、尊重、握手的動作）。

2. 在身體的輪廓外，他們要畫下或寫下那些會違反全方位價值規範或傷害到一個人的自尊及安全感的行為或特質（如：偏見、排斥）。

3. 以「決定拇指」（參考下述活動三）定期檢查這些列在「存在」內的行為或特質。

4. 一旦所有的學生都符合身體輪廓內所列的行為或特質（每個人都將大拇指朝上），讓學生在輪廓內簽名，以表示他們對於團體及全方位價值概念的承諾。

促進技巧

　　在描繪身體輪廓時，鼓勵學生可以盡量的發揮創意。稍微進行裝飾。

　　下列有幾個問題，挑選一個或是更多問題，讓團體可以更深入反思「存在」（也可以用你自己想出來的問題）：

- 「存在」如何提醒我們要讓這個班級是安全且尊重的？
- 當有一些「存在」輪廓之外的議題出現，我們可以怎麼處理這些議題？
- 我們如何在減少輪廓外的屬性的同時，善用輪廓內的特質？
- 沒有人是完美的，設定一個目標可以讓學生努力朝著它前進，因此學生不會失去規範或一團亂。既然我們同意了規範，我們就要確實的執行。

三 決定拇指

目標：練習包容且雙方協商同意再做決定。所有的聲音都會被聽見，且允許有不同的意見，並加以探索。

1. 介紹決定拇指的選項：
- 拇指朝上，代表我同意這個決定並且想實踐它。
- 拇指朝下，代表我不同意這個決定，且我不想付諸行動。我可能需要多一些的資訊，或是一個完全不同的解決方案。
- 拇指朝向兩側，代表我不同意這個決定，但是我願意配合執行。
2. 請學生對於列在「存在」之內的內容進行表決。
3. 假如所有學生或大多數學生是拇指朝上，少數學生是拇指朝向兩側，決議通過。

4. 即使只有一個學生比出拇指朝下，決議就不會通過。團體需要聆聽這些人的聲音，提供更多資訊澄清決議，或是提供一個完全不一樣的解決方案。

5. 當團體要處理成員的顧慮時，可以進行決定拇指活動來確認共識。

促進技巧

有共識的決定是困難的，且需要高度的承諾。當每個人都拇指朝上，要做出拇指朝下的決定就很需要勇氣。這需要願意去理解別人看待世界的方式，以及願意為團體成功而努力。

假如有很多學生很快的拇指朝上或拇指朝向兩側，但你認為他們對團體缺少了投入或承諾，公開的討論它。強調這是他們的團體，而他們需要為大多數的決定、成功、失敗負責。

學生可以在 SELA 課程中任何需要做決定以及快速確定每個人的投入程度與關注時，使用「決定拇指」這個技巧。

LESSON
5

信任：
系列一

⚽ 活動

一、向上看，向下看（5分鐘）

二、機器人（10分鐘）

三、信任步行（10分鐘）

四、夏爾巴步行（10分鐘）

五、總結：全方位價值契約（10分鐘）

✍ 材料

• 眼罩（每個學生一副）

• 全方位價值契約

一 向上看，向下看（5分鐘）

目標：藉由彼此的眼神接觸快速形成夥伴關係。

設定：讓學生肩並肩圍成一圈。

流程：告訴學生：「在這個遊戲中，你必須每一輪都看著一個人。你不能四處張望看別人！」

1.向全班說明接下來你會告訴他們向上看或向下看。在「向下看」的指令

時，每個人的目光要投向地面，看他們的腳。然後，當聽到「向上看」的指令時，每個人都必須將目光抬高至其他成員的視線水平。 學生必須牢記這一輪只看一個人。

2. 如果兩個人剛好同時互看，他們就要說：「啊哈！」

3. 繼續玩幾輪。 當你想讓團體成員配對時，告訴學生在接下來的幾輪，除了說「啊哈！」之外，他們「對到眼」的人將成為他們下一個活動的夥伴。配對成功的學生們可以走出圓圈先在旁邊站著。

4. 在有人配對成功或更多人離開團體後，可以再喊出下一次的「向下看」，開始下一輪的遊戲。

5. 重複，直到所有學生都配對成功，以進行下個活動。

促進技巧

如果學生人數是奇數，你可以加入和最後那個學生一組，或是讓剩下的三個人一組。

⬤ 機器人（10 分鐘）

目標：用有限的指示，引導夥伴在空間內移動。

設定：維持上個活動結束時的配對。

流程：告訴學生：「我們今天借來的東西非常令人興奮。我們要來測試一些非常昂貴的機器人！ 它們是這類機器人最初的模型，因此它們沒有很多按鈕或控制鍵。 我們需要你的幫助來測試它們！」

1. 說明機器人上的按鈕來解釋機器人的功能：左轉、右轉、前進、停止和兩個安全裝置！

2. 邀請一位成員志願當機器人，一起展示以下內容。「左轉」按鈕位於機器人的左肩上，如果按下此按鈕，機器人要向左轉。「右轉」按鈕位於右肩上。

3. 「前進」按鈕位於機器人後背中間，點擊此按鈕一次，機器人會向前走。

4.「停止」按鈕位於機器人的頭頂，輕輕點擊一次，機器人就會停止。

5. 機器人有兩個安全裝置。第一，它始終以「保險槓伸上來」（手臂稍微彎曲，舉起手來保護自己的姿勢）行進。第二，它配有一個警報聲，當它靠近物體或其他機器人時會發出警報。

6. 示範警報聲：「嗚～嗚～嗚～嗚。」

7. 機器人只能以步行的速度移動。

8. 一名學生當機器人，另一名學生當操作員。

9. 提醒學生機器人非常昂貴且容易壞，因此遵照以上的操作說明非常重要。幾分鐘後，讓機器人和操作員互換角色。

安全檢查

確保活動在一個沒有障礙物的開放空間中進行。在狹小的空間裡，你可以讓機器人只以小碎步移動，以減緩它們的速度。

確保機器人啟動安全裝置——如果它們處於危險之中，它們會停止移動並大聲發出「嗚～嗚～嗚！」。

確保機器人隨時留意周遭。

促進技巧

如果學生人數為奇數，可以讓他們三人一組。他們可以決定是要輪流扮演不同角色，或是由一個操作員同時操控兩個機器人。

如果有人不希望被觸摸，請提供讓操作員以口頭方式給予指示的選項。

❖ **在進行下一個活動前，可以問團體的問題：**

- 相信別人的引導是什麼感覺？
- 是什麼讓你能輕鬆遵循他們的指令？
- 需要對其他人負責的感覺如何？

⊜ 信任步行（10 分鐘）

目標： 讓學生在教室、川堂或戶外，蒙住眼睛行走。

設定： 維持上一個活動的配對，或讓學生選擇其他合作夥伴。

流程： 告訴學生：「在前項活動中，你使用非語言訊息引導夥伴。在這項
活動中，你可以使用非語言訊息或你的聲音引導他，不過他的眼睛
會被蒙起來。」

1. 向班級（團體）展示不同方法來引導無法看見的人。被引導者可以握住
引導者的手、肘部，或者讓引導者握住他的肘部。若他完全不想被碰
觸，可以選擇只用口語指示。重要的是，讓每一組討論他們希望如何被
引導。

2. 提供眼罩給那些想要用的人，或者學生也可以只是閉上眼睛。

安全檢查

被蒙住眼睛的學生應處於「保險槓伸上來」的姿勢。強調雙方中任何
一方如果感到不安全，可以隨時停止活動。

促進技巧

你可以在教室內、校園裡或戶外進行此活動。一種變化是讓學生將他
們的夥伴帶到一個特定的物體前（樹、椅子、畫作等）並讓他們感覺到
它，之後他們可以試著猜猜它是什麼以及它在哪裡。

❖ 範例問題：

- 你的引導者做了什麼來贏得你的信任？請明確說出。
- 你覺得你的引導者會照顧你的安全嗎？為什麼會或者為什麼不會？
- 引導或是被引導，哪個角色讓你比較自在？
- 如果我們再次進行這個活動，你會採取哪些不同的方式來幫助你的夥
伴更信任你？

㈣ 夏爾巴步行（10 分鐘）

目標：讓學生各自帶領整個小組參加盲人小組散步。

設定：在心裡先想好要走的路線。為了使其更具挑戰性，你可以設計一些轉彎或折回的路線，或者設置一些學生需要跨過去或從底下鑽過去的障礙物。

流程：告訴學生：「這是另一項蒙眼進行的活動。全班將被引導進行『夏爾巴步行』（Sherpa Walk），整個團體只有一個學生是明眼人，由他引導其他蒙眼的學生。誰能告訴我『夏爾巴』[譯註]這個詞來自哪裡以及他們的工作是什麼？在『夏爾巴步行』中，當你們移動時你們必須互相扶持。當你行走時，你跟其他成員可以有肢體接觸，但是不可以說話。」

1. 讓學生四人一組。討論如果參與這個活動，他們個人需要什麼才會在這個活動中覺得自在。讓小組分享他們討論的內容。
2. 提供眼罩給需要的學生，鼓勵其他人在整個活動中可以維持眼睛閉上。
3. 問小組在繼續進行之前是否想要討論任何策略。
4. 讓學生排成一直線，將眼罩戴上或閉上眼睛。
5. 提醒學生不能說話，但他們可以與他人進行身體接觸。
6. 當每個人都準備好出發時，排在第一個的學生可以脫掉眼罩或睜開眼睛。
7. 向第一個學生展示你認為適合他們挑戰程度的路線。
8. 幾分鐘後，讓第一個學生排到隊伍的最後面，換另一位學生來帶領。

安全檢查

當隊伍要通過困難路段時，要求他們停下來並注意一下學生。

譯註：散居在喜馬拉雅山脈的部族，是天生的登山嚮導。

確定你可以安全的監控你要求學生做的事情，記住，他們只有一個人看得到！

促進技巧

你可以讓一、兩個學生擔任班上的明眼偵察員和觀察員。這些「觀察員」可以在總結活動時為團體提供有用的反饋。

五 總結：全方位價值契約（10 分鐘）

目標：讓學生思考「存在」、「全方位價值契約」（Full Value Contract, FVC），並將其與課程中的特定行為連結起來。

設定：讓學生圍成一個圓圈。

流程：告訴學生：「『存在』及『全方位價值契約』不僅僅是一張紙，而是可以用來幫助我們成為一個更好的團體和團隊，並獲得成功。」

1. 與學生一起回顧全方位價值契約（投入、安全、誠實、設定目標、照顧自己和他人、放手並繼續前進）。
2. 問學生他們覺得今天團體在全方位價值契約中，做得最好的概念是哪一個，並且給一個具體的例子說明當時他們看到了什麼。
3. 問幾個學生他們選了哪些全方位價值契約的規範，以及為什麼選這些。
4. 重複步驟 2 和 3，這次重點關注在團體最有可能改進的地方。

促進技巧

在請學生給出具體例子時往往需要一些指導。如果他們給出一個模糊的例子，試著問他們：「你什麼時候看到的？」或「那個特殊的行為讓你覺得＿＿＿＿＿？」你不需要在每一輪都要求每個學生說出一個例子。

信任：
系列二

 活動

一、大家站起來（10分鐘）

二、信任後倒（10分鐘）

三、風中的柳樹（15分鐘）

四、總結：配對分享（10分鐘）

材料

• 無

一 大家站起來（10分鐘）

目標：與夥伴以背靠背的坐姿一起站起來。

設定：讓學生圍成一個圓圈。

流程：告訴學生：「上次我們用蒙眼活動讓大家探索了信任。今天我們將嘗試一些有趣的活動，讓你們透過互相支撐起立來彼此扶持。」

1. 讓團體兩兩一組。

2. 讓每一組背靠背站著並且勾起對方的手臂。讓他們坐在地板上。

3. 當他們準備好，學生可以以兩人小組為單位試著站起來。

4. 一旦他們成功，就讓小組兩兩合併，這樣小組就是四個人。讓他們嘗試
   一起站起來。

5. 變化：在手臂不互勾的狀態下，讓學生透過背部互靠站起來。

安全檢查

　　肩部受傷的學生在做背靠背這個活動時，應該特別注意。

⚫二 信任後倒（10 分鐘）

目標：建立信任，讓學生互相支持。

流程：告訴學生：「這是一個學習和練習正確定位技術的機會，這也是你
　　　　和同學之間建立信任感的機會。想想在生活中你支持的那些人，那
　　　　個人做了什麼能讓我們支持他？作為今天的支持者，你們每個人都
　　　　有機會成為那些真正讓別人倚靠的人。」

1. 請成員找一個身高相似的夥伴；不一定要同性別，但通常會如此。

2. 一個人要向後倒，另一個人要撐住他。支撐者站在後倒者的身後，並且
   擺出準備支撐他的動作。

3. 向後倒的人必須維持這個姿勢：

   (1) 站直。

   (2) 雙腳併攏。

   (3) 雙手交叉抱胸。

   (4) 身體保持挺直（避免彎曲）。

4. 教導支撐者撐住後倒者的姿勢：

   (1) 弓箭步（一腳在前，一腳在後）。

   (2) 手臂前伸，肘部保持彎曲放鬆。

   (3) 撐住重量，主要透過腿部的支撐。

5. 從微微的後倒開始，然後慢慢增加一小步的距離。

6. 建立明確的溝通：

(1) 後倒者：「我準備好要倒下了。你準備好接住我了嗎？」

(2) 支撐者：「我準備好撐住你了，倒吧。」

(3) 後倒者：「我向後倒了。」

(4) 支撐者：「好的。」

7. 如果時間允許，找一個新的夥伴重頭再來一次。

安全檢查

　　創造一種謹慎、專注、尊重的語氣。注意不要虛張聲勢或逞能，焦點放在信任和關懷。加強溝通，因為學生有時會很急著要進行活動。

⬤三 風中的柳樹（15 分鐘）

目標：建立信任並讓小組成員相互支持。

設定：讓學生圍成一個圓圈。

流程：告訴學生：「因為你們在信任後倒活動中做得很好，我們要更進一步。在這項活動中，作為後倒的人，需要在自己和其他團體成員間建立信任。」

1. 整個團體中，一個人自願成為中間的「柳樹」。其餘的成員站在「支撐者就位」的位置，一隻腳在前，伸出手來。「柳樹」適當姿勢如下：

(1) 雙腳併攏。

(2) 閉眼（可自由選擇）。

(3) 雙臂交叉放在肩上。

(4) 身體不能彎曲並挺直。

(5) 和團體建立契約（見下文）。

(6) 「信任後倒」並允許他（她）自己被小組成員「互傳」。

2. 在信任後倒之前的最後一步是在「柳樹」和團體之間建立明確的契約。

它可能會像這樣：

(1) 柳樹：「我準備好要倒下了。你們準備好接住我了嗎？」

(2) 團體：「我們準備好接住你了。倒吧。」

(3) 柳樹：「我向後倒了。」

(4) 團體：「好的。」

安全檢查

確保團體成員的位置很緊密，肩膀靠著肩膀，雙臂向前伸展。以這個姿勢，手應該幾乎可碰觸到站在中間的人。這可以確保一開始後倒的角度非常緩和。逐漸的，團體可以稍微後退，以允許較大角度的後倒。平均分配各種體型的人以避免壓力在某個人身上。通常，同時會由兩到三個人雙手撐住「柳樹」。

促進技巧

「柳樹」想要讓他（她）自己被團體互傳多久都可以（通常是 1 到 2 分鐘）。當他（她）覺得夠了，只需睜開眼睛，站直起來，並感謝團體。

團體氛圍及關懷的品質通常決定了「柳樹」志願者的比例。

四 總結：配對分享（10 分鐘）

目標：讓學生反思信任的概念，以及他們在課堂上和生活中的信任經驗。

設定：讓學生配對。隨機（或刻意的）配對或讓學生選擇夥伴。

要求夥伴彼此分享：

- 在這一年剛開始，你認為我們可以做到這一點嗎？我們如何辦到的？
- 到目前為止，我們如何一起進步？
- 是什麼讓你感到信任（例如：清楚的溝通、正面的鼓勵等）？
- 是什麼讓你感到不那麼信任（例如：大笑或開玩笑、缺乏溝通等）？
- 你個人可以做些什麼來幫助團體增加信任？
- 你在 SELA 課程中所做的與你生活的其他面向有何關係？

促進技巧

　　讓學生兩人一組討論的目的是讓他們「更深入」的進行對話。不需要向全班報告，你可以透過在不同小組之間移動巡視，確保學生沒有閒聊。

LESSON 7

信任：
系列三

⚽ **活動**

一、豬呼叫（10 分鐘）

二、信心波浪（15 分鐘）

三、信任跑（15 分鐘）

四、總結：低吠和擺尾（5 分鐘）

✏️ **材料**

• 眼罩（每個學生一副）

● 豬呼叫（10 分鐘）

目標：將學生的眼睛蒙住，讓他們用呼叫和回應的方式找到他的夥伴。

設定：找一個大的開放區域，如體育館或操場。讓學生兩人一組。

流程：告訴學生：「在我們相處的時間中，我們需要繼續彼此支持。在這
個活動中，你們都將被蒙上眼睛，需要注意安全和彼此才能成功完
成任務。請記住，保險槓伸上來。」

1. 請每個兩人小組選擇一組與 SELA 活動相關的單詞（例如：全方位／價
值；信任／後倒；舒適／區域）。一旦小組選好兩個詞，請這小組的兩

人從中選擇屬於自己那部分的單詞（以便呼叫和回應）。

2. 請學生和全班分享他們的單詞，以確保沒有兩對是相同的。

3. 告訴學生他們將被分開，在不使用視力的情況下，他們必須找到他們的夥伴。他們只能使用他們選擇的單詞。當然，當所有成員大喊他們的單詞並試圖傾聽他們夥伴的聲音時，會有很多噪音。

4. 向學生解釋每個人都要閉著眼睛或戴眼罩，你會確保沒有人撞到牆壁或障礙物。

5. 每個人都閉上眼睛或戴上眼罩。

6. 將每個兩人小組分開，並讓學生隨機分散在指定區域周圍。

7. 在聽到信號後，他們開始呼叫屬於他那部分的單詞。

8. 當合作夥伴找到彼此時，他們應該站在一邊，默默等待其他人。

9. 活動繼續，直到所有合作夥伴找到彼此。

安全檢查

提醒大家慢慢行動，保持「保險槓伸上來」的動作。

⬛ 信心波浪（15 分鐘）

目標：體驗身體／情緒風險，並區分感知風險（perceived risk）和實際風險（actual risk）。

設定：讓團體面對面排成兩條線。兩條線之間的距離應該足夠寬，以便兩方的成員向前伸直了手臂，也有一個手腕的距離。

流程：告訴學生們：「你有沒有遇到過讓你害怕『正面迎擊』的挑戰，而不是迴避？這項活動讓你有機會進入或許看起來令人害怕的事物。『跑者』可以在這兩條線之間走路、慢跑或一路奔跑。站在兩旁的每個人都會將手臂伸直到他們面前。就在「跑者」被手臂碰到之前，他們會舉起手臂讓出跑道。每位參與者將在此活動中選擇自己的挑戰級別。」

1. 選擇一名志願者作為跑者，這名成員要從兩條線的起點前約 3 到 4.5 公尺處開始。建立一個像「信任後倒」中使用的溝通系統。跑者喊道：「準備好了嗎？」然後直到小組回應「準備好了」才開始。
2. 以跑者覺得舒適的速度，在整個跑步或步行過程中保持相同的速度接近這條線。觀察員（兩條線上的所有人）都伸出雙臂，頭轉向跑者。當跑者接近他們，就在快碰到手臂之前，兩側每對觀察員一一舉起雙臂，以便跑者能不被碰觸的通過。當這個動作沿著雙線傳過來時，看起來像一個巨大的波浪。
3. 如果他們願意，允許跑者做第二輪嘗試，並增加他（她）的速度。
4. 可以換任何其他想成為跑者的學生上場。

安全檢查

　　確保每個跑者起跑點夠遠，以便觀察員能夠判斷跑者的速度。

　　使用清楚的指令。

　　在平坦的地面進行。

促進技巧

　　這個活動看起來比跑者以為的容易！

❖ 可使用的問句：

- 你是否能夠相信觀察員會及時移動手臂？為什麼？
- 當你第二次嘗試時，能夠加快速度嗎？為什麼？
- 這項活動的感知風險與實際風險有何關係？

🔴 信任跑（15 分鐘）

目標：區分情緒風險和身體風險。

設定：此活動需要很大的空間，大約相當於運動場的大小。這最好在戶外進行，但也可以在較小的室內空間進行。讓學生站在「信任跑」區

域的尾端，散開。

流程：告訴學生：「你在前一個活動中經歷了一定程度的風險。這個活動
讓你有機會增加對風險的看法。」

1. 學生將一個接一個的從空地或體育館的一端跑到另一端。

2. 學生可以以他（她）想要的速度移動，跑得越快，挑戰就越大。

3. 跑者要被蒙上眼睛。

4. 班上的其他學生在跑區的尾端，散開成漏斗的形狀，以防止跑者「超出
界線」或跑得太遠。

5. 其他同學要向跑者發出口頭警告，當跑者快碰到他們時，告訴他（她）
「停止」！

6. 如果跑者到達漏斗的尾端，觀察員會在跑者碰到他們之前大喊：「停
止！」

安全檢查

場地必須沒有任何障礙物，地面必須平坦且無任何孔洞。

確保作為觀察員的全班同學都保持警覺。

學生可以選擇閉上眼睛來代替使用眼罩。

許多學生在被蒙住眼睛的時候，跑步的路徑會歪掉，所以一定要讓觀
察員排成漏斗形狀以保護跑者。

促進技巧

❖ 可使用的問句：

- 你是否尊重自己的舒適區？

- 在此活動中，你經驗到哪一種風險？身體、情緒或兩者都有？

- 在課外的其他活動中，某一種類型的風險對你來說是否更難（或更容
易）克服？

🔲 總結：低吠和擺尾（5分鐘）

1. 請學生回想他們在課程稍早透過「豬呼叫」找到彼此的時刻。告訴學生：「如果可以的話，試著從狗兒的眼光，想像一下今天的課程。」

2. 請每個學生簡要的分享一個「低吠」（今天課程中他們在團體裡希望被注意的，或他們自己發生的事情）和「擺尾」（他們想要慶祝的事情）。

3. 如果學生想要先跳過，最後再讓他們分享。

目標設定：
改善法——持續改善的藝術

⚽ 活動

一、月球（10 分鐘）

二、命中目標（30 分鐘）

三、總結：效率／效果里程表（5 分鐘）

✍ 材料

* 一個沙灘球
* 三個標註不同顏色的籃子
* 三組球，每組 10 顆（配合籃子的顏色）
* 三份「命中目標的規則」說明書（影印自附錄 C）
* 長繩子（作為邊界標記）
* 效率與效果里程表（影印自附錄 B）
* 兩枝筆

● 月球（10 分鐘）

目標：團隊能夠連續在高處擊中沙灘球最多次數。

設定：清理出一個大空間並且有高天花板，或在戶外。

流程：告訴學生：「日本人有一個持續進步的概念叫做改善法（Kaizen）。

在這個活動中，你們會透過多次執行簡單的任務提升你們的分數，來應用改善法。」

1. 學生將有三次的嘗試不斷提高他們的分數。每次的「嘗試」包括 1 分鐘進行計畫，以及 2 分鐘執行這個計畫。

2. 「得分」包括每一輪中「正確」命中的總數。

3. 「正確」命中包括：

- 只允許排球式擊球（你不能抱住或傳球或踢球等）。
- 只有手可以觸球。
- 一個人不能連續擊兩次球。
- 直到團隊中的每個人都擊過一次球之後，才可以第二次擊球。
- 縱身飛撲或其他不顧安全的姿勢不被允許。

4. 如果球接觸地面、接觸手以外的身體部位，由還不能第二次擊球的人接到，則正確命中的分數立刻歸零。當然，如果團隊仍在 2 分鐘執行計畫的時間內，可以利用剩餘時間立即重新開始，並嘗試增加分數。

安全檢查

因為大家的注意力在「上方」，確保地面是水平、平整的，且沒有障礙物。

促進技巧

促進這個活動成功的秘訣在於**不斷的保持移動**，並且在這三輪中不允許空出任何額外的時間。同樣重要的是在介紹規則時要特別澄清，唯一可被接受的碰球姿勢是像排球那樣的擊打。

🔲 命中目標（30 分鐘）

目標：盡可能的多將球投入藍子中。

設定：清出一大塊空地並且設置邊界線、籃子和球，如下頁所示：

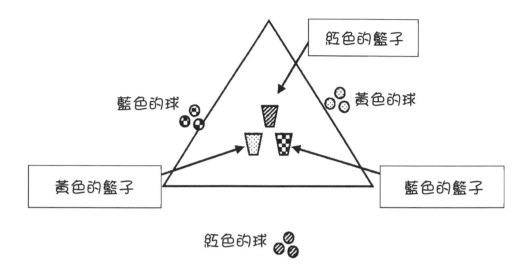

　　將學生分成三組，讓他們站在三角形的各一邊。

流程：告訴學生：「在這個活動中，你們有另一次機會應用你們在前一個
　　　　活動中學到的改善法原則。你團隊的目標是獲得最多的積分。」

活動由四個輪次所組成：

第一輪：人員和設備就位後，在 1 分鐘內每一組需要派一個代表去找活動
　　　　帶領者。活動帶領者交給代表一份遊戲規則（附錄 C），代表之
　　　　後必須向自己的小組解釋。告訴代表他將有兩分鐘的時間和組員
　　　　溝通活動目標及規則，並且擬定計畫。他們有 90 秒的時間來達
　　　　成他們的目標。帶領者會指出開始和結束時間。規則可以張貼出
　　　　來或交給代表。在這輪結束時，請代表們計算籃子中的球數。每
　　　　個和籃子顏色相同的球可得 1 分。帶領者在白報紙或白板上發布
　　　　結果，包括總累積分數。

第二輪：代表們再次去找帶領者。告訴代表他將有 3 分鐘時間與組員制定
　　　　策略，並有 90 秒執行任務。這一輪的目標是得分要達到上一輪
　　　　的兩倍（如果上一輪小組沒有得分，目標是得 1 分或更多分）。

適用遊戲相同的規則。在這輪結束後，小組代表將結果報告給帶領者，帶領者會公布並宣布累積分數。

第三輪：重複第二輪所述的指示。

第四輪：與上述相同，規則一樣，而目標是盡可能的得分。如果他們已經在雙方之間進行合作，你或許可以請他們改變他們的方法。

安全檢查

提醒學生在扔球時要注意別人。

促進技巧

如果學生從將「團隊」視為僅由他們的小團體所組成轉變為由所有參與活動的學生，他們的分數將更高。

❸ 總結：效率／效果里程表（5分鐘）

設定：影印里程表（附錄 B），一個用於效率，一個用於效果。使用兩枝筆作為刻度盤。

1. 帶領者展示里程表。你可能希望為每個單詞提供以下定義。
   - 效率（efficiency）：小組以最少的非任務對話及時完成任務的能力。
   - 效果（effectiveness）：過程的結果。這項工作是否成功、正確、沒有錯誤的完成了？
2. 小組成員要在每一個刻度盤上反映他們對於團體在前兩個活動表現的看法。給予討論的時間。

溝通： 有效的溝通原則

🏈 **活 動**

一、電梯氛圍（10 分鐘）

二、溝通分解（25 分鐘）

三、總結：掘金（10 分鐘）

✍️ **材 料**

- 四個呼拉圈
- 四個毛絨玩具、橡膠雞或其他古怪的東西
- 長繩
- 眼罩（每三人小組一副）
- 掛圖紙
- 各色麥克筆

一 電梯氛圍（10 分鐘）

目標：以各種不同的方式穿過圓圈，與其他團體成員建立連結。

設定：請團體圍一個圓圈。

流程：告訴學生：「我們當中許多人都有搭乘電梯的經驗，通常是安靜和
不自在的。我們要在教室裡創造一個『電梯空間』，看看我們是否

可以改變這種向來格格不入的情況。我們將嘗試不同的語言和非語言行為，看看它們如何影響團體氣氛和活力。」

在這個活動中，團體會被要求穿過這個圓圈數次。

1. 第一次穿越，請成員先目視選定他們現在所站立圓圈內對面一側的區域。他們要在第一輪時移動到這個區域。在這一輪中，請成員想像他們在電梯裡，他們將在沒有任何眼神接觸的情況下穿過圓圈。當他們走向圓圈的中間時，提醒他們注意彼此。

2. 第二次穿越時，遵循第一輪相同的規則，但是這次每個人都要給予一個短暫的點頭或其他非語言的回應，至少和三個成員打招呼。

3. 在第三次穿越時，每個學生需要與至少三名其他成員握手。

4. 在第四次穿越時，要成員們思考他們在學年結束時的反應。請他們想像在學年結束時和他們出色的團體成員道別的場景。示範一個溫暖的道別可能會有所幫助，像是一個擊掌、輕拍背部或擁抱。

安全檢查

提醒學生在穿過圓圈時要小心，許多人會聚集在中間。這是一項僅限步行的活動。

促進技巧

請注意，在第四次穿過圓圈時，有些人可能會對擁抱感到不自在。重要的是示範多種熱情友好的問候。

❖ 可使用的問句：

- 哪一次穿過圓圈感覺最舒適？
- 哪次感覺最不舒服？
- 如果我們一起相處一段時間卻沒有任何眼神接觸，我們的團體會是什麼樣子？
- 當我們在一起的時候，你希望我們的團體搭乘在哪種電梯上？

◯二 溝通分解（25 分鐘）

目標： 讓全班團隊合作，在每個人的角色都明顯受限的情況中，將他們的神秘物品放入適當的呼拉圈內。

設定： 在一個淨空、開放區域的一端設置起始線。讓學生三個人一組。如果人數無法剛好分組，有些組可以有第四位成員，擔任過程的觀察員。

流程： 告訴學生：「你的小組要傳送一個未知物品到這間教室裡一個未知位置。你們每個人都有不同的能力，你們需要相互依賴，並透過良好清楚的溝通來完成任務。」

1. 解釋以下各個角色。每個團隊都有：
   * 一個人可以看到但不能說話或四處走動（例如：走動或離開他們的初始位置）。
   * 一個人可以說話但不能看到或四處走動（例如：走動或離開他們的初始位置）。
   * 一個人可以移動但無法看到或說話。

2. 參與者可以選擇他們認為最自在的角色，但三個角色必須分配好。

3. 在任務開始之前，每個小組有 10 分鐘的時間來制定戰略並擬定溝通計畫。提醒學生他們應該考慮不會說話的學生如何溝通。

4. 一旦學生選擇了他們的角色並且讓可以說話和可以移動的人蒙上眼睛之後，設置呼拉圈和傳送物（橡膠雞、毛絨玩具等），如下頁圖所示。

5. 在開放區域的另一端放置呼拉圈。呼拉圈可以隨意排序。團隊會獲得一個指定傳送物和將其放置的呼拉圈，呼拉圈**不一定**在團隊正前方。

6. 一旦布置好道具，就會指出每個團隊的傳送物和呼拉圈給團隊中可以看見的人看。用「拇指朝上」來確認他清楚傳送物和呼拉圈在哪裡。

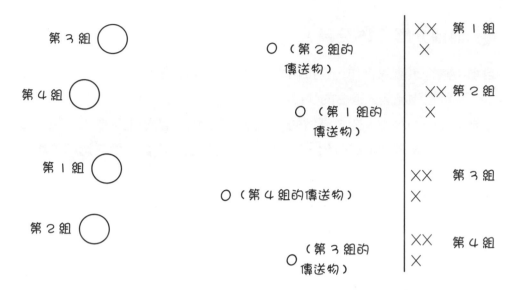

7. 一旦三人小組成功完成任務，小組成員可以移除他們的眼罩並安靜的觀察其他人完成活動。

8. 與學生簡要討論以下問題：

- 你的團隊是如何制定溝通策略的？你們的策略是什麼？
- 如果其中一個小組成員從團隊中被移除，會發生什麼情況？

安全檢查

確保遊戲區域沒有障礙物。

能夠移動但無法看見或說話的學生應該（由帶領者）進行監控，並讓他們了解到應該緩慢移動（「保險槓伸上來」）以防止受傷（絆倒或撞到他人）。

促進技巧

這項活動對學生來說可能會感到挫折。根據團體及其發展情況，提供他們 60 秒的緩衝來腦力激盪其他溝通策略，或許是不錯的方法。在這種情況下，請確保他們在線後面，並保持遠離這些器材；你也許希望讓可以說話和可以移動的人維持蒙住眼睛。

☰ 總結：掘金（10 分鐘）

目標：確定有效的溝通原則和策略。

設定：將一張掛圖紙和麥克筆分發給每個「溝通分解」小組。

流程：告訴學生：「在你的小組中，你會試圖探索事實，發現有效和無效的溝通。」

1. 要求學生將掛圖紙分成四欄，如下所示：

有效溝通		無效溝通	
看起來像……	聽起來像……	看起來像……	聽起來像……

2. 讓小組填上每個欄位。就像其他的腦力激盪，寫下的內容不必經小組成員全部同意。此外，允許一個詞彙**同時**出現在「有效」和「無效」溝通的欄位中。

3. 要求小組報告並討論這些溝通策略及原則如何在學校與家庭中發揮作用。

LESSON 10

溝通：
表達情緒

⚽ 活動

一、建立情緒表（10 分鐘）

二、情緒猜謎（15 分鐘）

三、氣球手推車（15 分鐘）

四、總結：小組問題（5 分鐘）

✍ 材料

* 掛圖紙
* 40 張以上的索引卡
* 氣球（每個學生一個）
* 長繩
* 遮蔽膠帶
* 用於氣球上書寫的油性麥克筆
* 情緒表（影印自附錄 D）

● 建立情緒表（10 分鐘）

目標：辨別情緒和感覺詞彙。

設定：準備一到兩張掛圖紙，以注音符號的每個注音在紙張上標記出不同

區域。學生將情緒詞彙寫在索引卡上，然後依首字的拼音貼在相對
應的注音符號區域。

流程：告訴學生：「告訴別人你的感受是件困難的事，有時我們只是不知
道該使用哪個詞彙。我們會一起開始整理出一個表，以幫助我們找
到合適的詞彙。」

1. 請學生腦力激盪有哪些描述情緒的詞彙。

2. 徵求一或兩名志願者，在索引卡上寫下單詞，一張卡片只寫一個。

3. 當他們想出至少 15 個詞彙時，要求他們在掛圖紙上的相應注音符號區
   域黏上這些索引卡，以便將這些詞彙按注音符號順序排列。

4. 透過閱讀及完成下列句子，讓學生擴充情緒表。新的詞彙應該寫在索引
   卡上。

   • 當我犯錯時，我覺得＿＿＿＿＿。
   • 當我做得好的時候，我覺得＿＿＿＿＿。
   • 當我幫助某人而且他們說「謝謝」時，我覺得＿＿＿＿＿。
   • 當有人叫我的名字時，我覺得＿＿＿＿＿。
   • 當我的朋友有一個全新的 iPad 而我卻沒有時，我覺得＿＿＿＿＿。
   • 當有人不和我分享時，我覺得＿＿＿＿＿。
   • 當我幫助別人時，我覺得＿＿＿＿＿。
   • 當有人對我微笑時，我覺得＿＿＿＿＿。
   • 當有人送我禮物帶給我驚喜時，我覺得＿＿＿＿＿。

5. 再次，讓你的學生按首字的注音符號順序排列這些詞彙。

6. 將學生分成三個人數相等或大致相等的小組。

7. 分配給每個小組一個或多個注音符號字母，給目前還沒想到情緒詞彙的
   學生。

8. 挑戰每個小組使用分配到的注音符號想出三個或更多新詞彙。讓他們知
   道這些詞彙必須是描述感覺的詞彙，而且他們需要準備好定義這個詞彙

並用它造一個句子。

9. 在小組報告之後，他們應該在索引卡上寫下想出的新詞彙，並按照注音符號順序貼在掛圖紙上。

促進技巧

　　沒有正確或錯誤的答案，只要是可以表達學生感受的詞彙都可以。但是應該要去除任何不恰當或反社會的反應。在附錄 D 中提供了一份情緒詞彙列表，可用於補充學生的回答。

　　在下一個活動中使用新創建的索引卡，並將其保留在手邊，以便總結活動時討論之用。

二 情緒猜謎（15 分鐘）

目標：演出一種情緒，並讓其他學生猜測演的是什麼。

設定：將全班分為四到六人小組。

流程：告訴學生：「我們打算玩字謎。只是在這個遊戲中，我們猜測的是感覺和情緒詞彙。」

1. 給每組數張面朝下的情緒索引卡。

2. 學生輪流選擇一張卡片並演出卡片上的情緒，讓小組成員進行猜測。當成員正確猜到了，輪下一個人。

3. 如果小組一直很難猜出所表演的情緒，那麼演出的人可以向他們展示卡片並選擇一張新卡片，或者向小組中的某個人求助。

4. 進行二到三輪，每輪 3 分鐘。

5. 在一輪結束後，與小組一起確認不同的情緒。這些情緒是否很容易表現出來？哪些更難以表現（或不知如何表現）？

促進技巧

　　這項活動很容易變得有競爭性，每個小組試圖比另一組猜出更多的卡

片。顯然，這會削弱活動的真正焦點，即練習和學習「情緒」。可以透過公開化將競爭性降到最小，說明每個小組都有不同的卡，並且不強調競爭。當然，如果競爭成為這項活動的一個因素，那麼這是個值得處理的議題。

三 氣球手推車（15 分鐘）

目標：反思關係中未表達的情緒如何導致後悔、失望或誤會。

設定：在整個空間中設置彎曲路徑。輪流挑戰但不要太急迫，因為學生必須在彼此連接下穿過路徑。你可以使用遮蔽膠帶、活動繩索或麥克筆來勾勒此路徑。

流程：告訴學生：「我們都曾經歷過因為未能分享我們的感受而感到遺憾和失望。你處於一個情境，心想：『我應該說出＿＿＿＿＿＿』或類似的話。我希望你能想到這樣的一個時刻，以及你當時選擇不表達的情緒或感受。先記下這個情緒。」

1. 傳遞給每個學生一個氣球，請他們替氣球吹氣並綁好。視情況協助學生完成此動作。
2. 請每個學生用油性麥克筆在自己的氣球上寫下剛剛記下的情緒。提醒他們現在不需要分享關係或事件，但他們需要分享感覺。
3. 學生和團體成員排成一直線，從前到後站立，就像一輛手推車。讓每個學生在他自己和站在他前面的人之間放置一個氣球。
4. 排在最前面的人只需將他的氣球用手拿在前面。
5. 說明他們只能利用彼此的壓力來支撐氣球——不使用手、胳膊或腳。
6. 說明所面臨的挑戰在於，讓整個小組保持相互連接地穿過路徑，同時不讓任何氣球掉到地板上。
7. 讓學生將手放在他們前面的人的肩膀上。
8. 如果氣球掉到地板上，團體應該停下來取回氣球，位於最前面的學生要

排到隊伍最後，將他（她）的氣球放在自己和前面的人之間。然後團體可以從氣球掉落的地方繼續前進。

9. 完成路徑後，讓所有學生圍成一個大圓圈。

安全檢查

留意有關適當碰觸的回應和評論。

如果你擔心學生管理身體界線的能力，請將團體分成較小的組別。如果覺得更易於管理，你也可以讓學生並肩站好將氣球放在中間。如果有學生對特定的身體姿勢感到不舒服，也可以讓該學生選擇當觀察員。

促進技巧

如果你有時間並且你覺得學生會有回應，你可以探索不能用你的手或腳來撐起氣球的象徵意涵 —— 一種未表達的情緒如何真正限制了一段關係。

四 總結：小組問題（5 分鐘）

1. 讓每個學生分享他們在氣球上寫下的感覺，並且表達出他們的情緒如何能改變情況或關係。

2. 如果學生希望跳過回答，最後再回來問他們。

3. 讓他們弄破氣球以結束活動。如果在室內覺得聲音太大，可以把剪刀傳下去。學生分享後，他們可以從打結的地方剪開氣球。

LESSON 11

溝通：給予和接受回饋

活動

一、抓到你在偷看（5分鐘）

二、樂高雕像（35分鐘）

三、總結：加分／扣分（5分鐘）

材料

• 樂高積木

一 抓到你在偷看（5分鐘）

目標：一個快速進行的暖身活動，活動中學生要抓到誰在偷看。

設定：讓學生圍成一個圓圈（坐或站皆可），每個人都可以看到其他人。

流程：告訴學生：「有些人會說，只有當你被抓到的時候，才算違規。然而在生活中，這通常不是一個看待問題的正確方式。但是，在這個遊戲中，不被抓到才是重點！」

1. 讓所有學生閉上眼睛。

2. 遊戲的目的是讓每個玩家睜開眼睛，試著抓到另一個人同樣睜開眼睛。有時這兩個人會同時互相窺視，或者一個人可能會抓到另一個人朝別的

方向看。

3. 當一個人觀察到另一個人睜開眼睛時，他們有權大聲喊：「抓到你了」，然後叫那個人的名字（例如：「抓到你了，約瑟」）。

4. 如果兩個人在同一時間互相窺視，那麼先出聲並且喊出正確名字的人將贏得這一回合。

5. 被抓到的人，讓他們把手放在頭頂上，讓所有仍然在玩遊戲的人明白他們已經離開遊戲並有權睜開眼睛享受接下來的遊戲。

6. 變化：為了鼓勵大量偷看並讓遊戲持續一段時間，給予每個學生三條命。

⚫二 樂高雕像（35 分鐘）

目標：精確複製出現有的樂高雕像。

設定：使用基本的積木（如：樂高），建造一個由 30 到 40 塊組成的雕像。不要讓學生看到這個雕像，並將它放在團體的視線之外（如：放在走廊、用毛巾蓋著）。這是學生要嘗試複製的模型。每個小組的臨時區域會有和雕像相同數量的積木，並且應該距離模型大約 4.5 公尺遠。

1. 將團體分成兩個小組，每組六個人。

2. 每個小組應指定兩名學生作為整個活動的「建造者」。

3. 其他人則兩兩配對作為「建築師」。

4. 一對學生（僅限建築師）可以離開臨時區域來查看模型。任何時候都不能觸摸或拿起模型。查看模型的學生不能做筆記或畫圖。

5. 每對建築師可以允許查看模型 1 分鐘。

6. 在查看模型後，這對建築師返回到建造者的桌子，並有 1 分鐘的時間向建造者提供口語的引導。

7. 引導時間結束後，換下一對建築師前去查看模型。

8. 在第一輪配對的學生都已經看過模型並報告之後，他們可以彼此交換合作夥伴（即形成新的建築師配對）。交換夥伴可能會在整個活動期間不斷進行。

9. 在開始進行任何觀察或建造之前，小組有 5 分鐘的時間來制定策略。

10. 在整個活動過程中，建造者或建築師都可以要求暫停，討論計畫。

11. 小組從開始計畫到活動結束的時間為 30 分鐘。

12. 當時間到了，讓小組比較他們複製的模型。

促進技巧

模型應具有各種顏色和形狀，並應以隨機方式建構。

你可能希望將小組的臨時區域分開（如果你想要促進獨立），或彼此靠近（如果你想要促進或允許合作）。

根據小組的不同，你可以選擇在活動中途兩組交換（如上述的指令 8）。

為了使活動更加困難，加入額外的積木作為干擾因素。

❖ 可使用的問句：

讓每個人都看看原來的樂高雕像，將原來的模型與他們建造的雕像進行比較。

- 描述活動中發生的事情。
- 對你來說最成功的部分是什麼？
- 最具挑戰性的部分是什麼？

三 總結：加分／扣分（5 分鐘）

目標：讓學生彼此回饋關於他們在上一個活動的參與。

設定：讓學生在他們的小組中進行這次討論。

流程：告訴學生：「接受回饋的能力對自我覺察相當重要。好的回饋可視為幫助某人發展的禮物。」解釋提供回饋時的四個提醒：簡潔、具

體、關懷和建設性。

1. 第一輪：要求每個學生自我評估並和團體分享他們的自我反饋〔他們認為在之前的活動中做得很好（加分）的一件事，以及他們可以再改進（扣分）的一件事〕。
2. 第二輪：要求每個學生提供回饋（一個加分，一個扣分）給坐在左邊的組員。
3. 第三輪：要求每個學生提供回饋（一個加分，一個扣分）給坐在右邊的組員。

LESSON 12

問題解決：
個人貢獻創造團隊成功

⚽ 活 動

一、鹽巴與胡椒（5分鐘）

二、旋轉門（10分鐘）

三、1、2、3 = 20（25分鐘）

四、總結：傳遞繩結（5分鐘）

✍ 材 料

• 長的跳繩

一 鹽巴與胡椒（5分鐘）

目標： 一個有趣的暖身活動。

設定： 在教室裡清出一個空間，並將跳繩放在中間。要求學生站在跳繩的
其中一側。

流程： 告訴學生：「這是一個有趣的活動，讓我們熱身並測試我們的反應
時間。」

1. 指定跳繩的一邊為「鹽巴」，另外一邊為「胡椒」。

2. 進行方式相當簡單。當你喊出「鹽巴」或「胡椒」時，團體成員必須要

跳到正確的一邊,或保持在你所喊出來的那一邊。聽起來會像這樣:「鹽巴……胡椒……鹽巴……鹽巴……」。

3. 如果有人在不該跳的時候跳,或跳得太慢,他們就「出局」了。你也可以讓學生有幾條「命」,讓他們不會立刻出局。

4. 變化:每犯一次錯,學生得到 1 分,目的是為了在遊戲結束時獲得最少的分數。或者你也可以純粹為了增加趣味而玩這個遊戲。

安全檢查

在學生的前後需要有足夠的空間,以便在同時跳躍時不會撞到其他同學。

促進技巧

當你的指令在節奏與時間上無法被預測時,懸疑性是可以想見的,誤導可以增加趣味性,例如:「一……胡椒」。

● 旋轉門(10 分鐘)

目標:讓每一個人都能通過旋轉的跳繩。

設定:選定一位學生協助你旋轉跳繩。請其他學生站在跳繩的一側。

流程:告訴學生:「這個活動需要全班學生參與解決問題,以及執行解決方案。任務很簡單:**每一個人都必須穿過旋轉中的跳繩。**」

規則:

1. 在跳繩區內一次只能有一個人。

2. 每一個人都必須要通過旋轉的跳繩,不能從跳繩上衝過去或是從底下翻滾。

3. 不漏拍(不讓跳繩在沒有人的狀況下轉動)。

4. 如果有人沒有跟上,全體成員就需要重新開始。

5. 這個活動會一直持續下去,直到全體成員都完成任務。一定要輪流替換

協助你旋轉跳繩的學生，讓他們也都能參與活動。

安全檢查

如果成員被跳繩絆倒或抓住跳繩，跳繩應該要立即停止轉動，以避免受傷。

貿然衝進跳繩是不被允許的！

促進技巧

允許學生在跳繩下跑過去而不跳。

三 1、2、3 = 20（25分鐘）

目標：這個任務類似「旋轉門」活動，但是學生必須要解開「1、2、3 =20」的謎題，來想清楚如何穿過跳繩。

設定：如同「旋轉門」活動。

流程：告訴學生：「你的目標是要讓全體成員通過這個跳繩到繩子的另外一側。唯一達成目標的方法就是穿過這個跳繩。關鍵是你只能用『1、2、3 = 20』這個謎語的模式來穿過跳繩。反覆嘗試是解開這個謎題的唯一方法。試試看大家的點子！」

1. 開始轉動跳繩，一旦第一個學生通過跳繩，謎語就開始了（見後文的解答）。

2. 只要團體的行動是對的，跳繩就會持續轉動。

3. 一旦團體成員做了任何不正確的事情，跳繩就會立刻停止轉動。

4. 破解謎語唯一的方法就是親自進入跳繩中。如果團體成員注意力集中在通過跳繩的人數上，就會找到解決方法（正確的解決方案列在「促進技巧」中）。

5. 學生透過以下方式得到回饋：當跳繩停止轉動時，表示你解錯謎語了，就必須要回到起點的位置，重新開始。如果你關注在跳繩停止轉動的那

一刻,以及跳繩停止轉動前團體成員在做什麼,你就會蒐集到幫助你解開謎語的重要訊息。

6. 當跳繩停止轉動時,團體成員應該停下來,並分析發生的狀況。團體成員應該關注他們在做什麼,以發現什麼是解開謎語的行動,或導致跳繩停止轉動的行動。

安全檢查

當有人被跳繩絆倒或捲入跳繩中時,放下跳繩,讓大家知道這是為了安全,而不是因為解錯謎語。

留意成員所穿的鞋子,人字拖鞋、涼鞋或其他比較寬鬆的鞋子都有可能導致腳踝扭傷。

促進技巧

允許他們跑過跳繩。

當成員的行動是對的時,大聲喊出數字是很關鍵的。例如:當他們有一個人通過時,大聲喊「1」。如果接著是兩個人通過,大聲喊出「2」。如果跟著是三個人,大聲喊出「3」等等。

❖ 解答:

一個人穿過跳繩,然後兩個人穿過,然後三個人穿過;然後重複此模式(1、2、3),直到跳繩轉動 20 圈(也就是 1、2、3、1、2、3、1、2、3、1……)。通過跳繩的成員必須要回到跳繩的起點端,來解決謎題。他們必須要繞回來。

四 總結:傳遞繩結(5 分鐘)

目標:反思幫助或傷害團隊問題解決的行為。

設定:將跳繩的兩端打成一個結,讓跳繩形成一個圓圈。用任何可以打成結的方法。成員圍成一個圓圈,每一個人輕輕握著這個打結的跳

繩。

流程：告訴學生：「當跳繩的『結』傳給你時，請分享一個今天幫助團隊
解決問題的行為，以及一個破壞你問題解決能力的行為。分享完之
後，把『結』傳向左邊的下一位。」

1. 讓學生分享以上問題的回答，結束後把「結」傳遞給左邊的下一位。
2. 如果有學生想要先「跳過」，你可以最後再邀請他們回答。

安全檢查

不要讓成員拉緊跳繩或緊握跳繩，因為他們可能會因此被跳繩磨傷。

LESSON 13 問題解決：介紹 ABCDE 模式

⚽ 活動

一、安靜排隊（10 分鐘）

二、紡紗速度遊戲（15 分鐘）

三、星際大戰（15 分鐘）

四、總結：連續線段（5 分鐘）

✍ 材料

- 用來投擲的羊毛球或其他的柔軟物體（Nerf 球或填充動物）
- 星際大戰工具箱（繩子一組）：

  小：約 100 公分 ×4 條

  中：約 150 公分 ×4 條

  大：約 180 公分 ×3 條

  特大：約 2.5 公尺 ×1 條
- 紡紗速度規則表（影印自附錄 E）
- ABCDE 問題解決模式（影印自附錄 F），每位學生一張

● 安靜排隊（10 分鐘）

目標：團隊合作，能夠以特定的順序排好隊伍。

設定：讓成員圍成一個圓圈。

1. 跟成員解釋，等一下你會要求他們用特定的方式來排隊，他們不能說話或書寫，必須要找到另外的方法來進行溝通。
2. 一旦你下達了指令，就強制執行不能說話的規則。
3. 讓成員進行兩、三種不同的排隊方式。
4. 總結：問成員在不能說話或書寫的過程中，是如何做出決定的。

促進技巧

　　排隊建議：身高、名字中的筆畫數、生日、家裡距離學校的遠近。

● 紡紗速度遊戲（15 分鐘）

目標：要盡可能以最短時間完成問題解決活動，並遵守規則。

設定：讓團體成員排成一圈，但不包含你自己，因為你必須計時。

流程：在這個活動中，學生必須同時運用問題解決的技巧和聆聽技巧，來合作完成任務。一般來說，只需要跟團體成員說他們必須要共同努力解決問題，同時加快完成任務的速度就夠了。

1. 使用與「小組雜耍」（參見第 3 課）相同的指導原則，在小組中設置新的投擲模式。在這個活動團體成員不需要運用大家的名字或是「全方位價值概念」。
2. 發下書末所附的「紡紗速度規則」（附錄 E），並請學生閱讀。
3. 讓學生以初步的速度進行，並記錄下他們的時間。
4. 在最初的時間完成後，讓他們看看是否可以透過團隊合作來減少時間。
5. 接下來的幾次嘗試通常會有更多的團隊合作，完成的時間也會明顯的縮短。如果第一次是 50 秒，考量到他們的團隊精神，讓他們把時間縮短成一半，並給他們幾分鐘的時間來集思廣益。如果有很多想法，建議他們一次嘗試一個想法。

促進技巧

允許學生進行不同選項的嘗試，包含打破圓圈的隊形。

如果有學生提出疑問，讓他們重讀規則，避免對學生解釋規則。

三 星際大戰（15 分鐘）

目標：讓學生使用正式的問題解決策略，並跳脫思考的框架。

設定：讓學生站成一圈。

流程：介紹並描述「ABCDE 問題解決」模式（附錄 F）。讓學生與上一個問題解決策略做連結。鼓勵學生在處理下一個問題時，牢記這個工具。

1. 讓每一位學生拿一個環繞的繩子，並將它放在地上，站在繩圈內。

2. 告訴學生：「這個活動只有一個規則：『雙腳必須要在繩圈中。』當我說『轉換』時，你必須要走到不同的繩圈中，把兩隻腳都放在裡面。我可能會說『品質控制』，那表示你必須要留意自己的腳以及周圍的人，確認每一個人都有遵守規則：『雙腳都要在繩圈內』。」

3. 在經歷兩、三次的轉換後，移除一或兩個繩圈。持續刪除繩圈直到剩下一個約 2.5 公尺的特大繩圈，但這個繩圈大小不足以讓所有團體成員站在繩圈內。

4. 團體需要想出一個辦法，讓每一個人的腳都在圈圈內，作為帶領者你只能重述「雙腳都在繩圈內」的規則，不要暗示任何的解決方案。

安全檢查

不要讓學生騎上別人的肩或是背。

促進技巧

當剩下最後一個繩圈時，最終的解決方案是讓所有人的腳放在繩圈內，身體坐在外面。

四 總結：連續線段（5 分鐘）

目標：幫助學生快速反思他們是否運用 ABCDE 模式。

流程：告訴學生：「我們要用一個想像的連續線段來表示你認為今天做得有多好。」

1. 布置一個連續的線段橫越在教室中，線段的兩端代表的是「非常差」到「優秀」（見下圖）。

2. 問全班：「你認為在運用 ABCDE 問題解決模式時，大家表現得如何？」讓自己站在連續線段上合適的位置。

3. 詢問個別學生：

   • 為什麼你會站在那裡？你能舉一個例子嗎？

   • 團體需要做些什麼可以讓你為班上打更高的分數呢？

促進技巧

除了問「你為什麼會站在那裡？」這類的問題之外，你還可以問一些悖論（paradoxical）的問題，例如：對給出高分的學生，你可問是什麼讓他們給出高分；而對給出低分的學生，你可以問他們是什麼原因讓他們在 10 分中給出 3 分，而不是 0 分（即在低分評價中尋找積極因素）。

❖ 可使用的問句：

   • 是誰想到最後的點子？

   • 你是如何想到這個點子的？

   • 當我說「雙腳都要在繩圈內」時，你們在想什麼？

   • 這個活動是關於跳脫思考的框架，這是什麼意思？請給我一個當你在

學校如何跳脫思考框架的例子。

• 你認為學習到這個概念,對你在學校有什麼幫助?

問題解決：應用 ABCDE 模式

🌐 活動

一、RPS 世界錦標賽（5 分鐘）

二、組合 21 點（10 分鐘）

三、變牌（20 分鐘）

四、總結：一副牌（10 分鐘）

✒️ 材料

● 一副撲克牌

━ RPS 世界錦標賽（5 分鐘）

目標：贏得團體「剪刀石頭布」（rock-paper-scissor, RPS）錦標賽，或是你輸了之後，積極的支持勝利者。

流程：向學生解釋「剪刀石頭布」的規則。

1. 學生在「剪刀石頭布」的遊戲中互相挑戰。

2. 失敗者成為勝利者的忠實粉絲，為勝利者鼓掌歡呼。

3. 獲勝者（連同他們的支持者）繼續挑戰另一位學生（他們可能也有自己的支持者）。

4. 失敗者和他的**所有**粉絲成為**新贏家**的支持者。這樣獲勝者的粉絲群就會倍增。

5. 重複這個過程，直到有一個「世界冠軍」出現，班上的其他人一起為他歡呼。

⚫ 組合 21 點（10 分鐘）

目標：分工合作，將卡片點數加總為 19、20 或 21 均可，成功的將學生分組。

設定：讓學生圍成一圈。

流程：告訴學生：「如果你不熟悉 21 點的話，以下是一些簡單的 21 點遊戲規則：A 等於 1 或 11 點，J、Q、K 等於 10 點，而其他的數字牌都是牌面上的點數。」

1. 給每一個參與者一張牌卡，並要求他們不能看（如果有人偷看他們的牌卡，則讓他們跟鄰近的成員交換牌卡）。

2. 告知團體成員，這是一個無聲的活動，活動期間不能出聲。

3. 讓他們把自己的牌卡放在額頭上，這樣其他人就能看得到。

4. 指導他們在大團體中玩 21 點。只能使用加法，每一個參與者「手中」的牌必須湊到等於 19、20 或 21 的組合。

促進技巧

一定要有幾張 A 才有可能達成。如果加入一張「鬼牌」^{（譯註）}，可以使得遊戲更容易一些。

當給定 19、20 及 21 的範圍時，應該要能夠含括每一個成員，不論有多少人參與。

譯註：抽到「鬼牌」者，可以將「鬼牌」視為是任意一個數字（A~K 之間），讓該小組最快達成任務。

三 變牌（**20** 分鐘）

目標：根據「變牌」指令，在最短的時間內完成學生分組順序。

設定：挑戰 1 只使用一種花色的撲克牌。準備好第二種花色的撲克牌，並在挑戰 2 使用（一套紅色花色、一套黑色花色）。

流程：告訴學生：「你們的小組將面臨挑戰。你們有 3 分鐘的時間根據 ABCDE 模式進行討論。討論計畫後，你們要完成挑戰。第二回合進行前，你們還會有另外 3 分鐘進行評估與計畫，第二回合後，會有第二個挑戰要進行，這個過程將會重新開始。」

1. 發給每個學生一張撲克牌（只從第一套牌卡中抽取），並指導學生不要看他們的牌卡。

2. 對學生說：「挑戰 1：把牌放在你的額頭上並翻牌。依照牌卡的順序由小到大排列。A 最小、K 最大。」

3. 計算學生花費的時間，並記錄在黑板上。提供一些時間給團體進行評估和計畫。至少讓三個學生交換牌卡並洗牌。進行幾個回合以提升時間紀錄（縮短時間）。

4. 加入第二套花色牌卡，對學生說：「挑戰 2：把牌放在你的額頭上並翻牌，請依照牌卡順序與顏色排成兩列——黑色撲克牌一列、紅色撲克牌一列。」重複步驟 3。

四 總結：一副牌（**10** 分鐘）

目標：反思小組問題解決的過程。

設定：讓學生圍成一個圈，並將整副撲克牌洗牌。

流程：告訴學生：「我們每一個人抽一張牌，根據花色的不同，我們要對今天的活動回答一個不同的問題。」

1. 讓每一個學生抽一張牌。

2. 讓參與者依據他抽到的花色來分享一個想法：

* 紅心：你的感覺是什麼？
* 黑桃：你發掘出什麼好點子？
* 梅花：在這次活動中你有什麼新的想法？
* 方塊：你看到了什麼重要的事？

3. 收回牌卡。洗牌後從步驟 1 開始，用新的牌卡讓學生回答第二次，但是這一次詢問他們整個團體在 SELA 至今的活動中做得如何？

促進技巧

❖ 可使用的問句：

* 在這一次活動中，你使用了哪些策略或技巧，是從之前的活動中發展出來的？
* 你從第一個挑戰中想出什麼解決方案，並在其他挑戰中發揮很好的作用？
* ABCDE 模式中的哪一個部分對這個團體最有效？而哪一部分需要更多的努力才會有效？

LESSON
15

反思：學期回顧與慶祝亮點

🌐 **活動**

一、我是誰？（10 分鐘）

二、虛擬投影片放映（20 分鐘）

三、總結：是這樣嗎？（15 分鐘）

✍ **材料**

- 寫在海報上或白板的 SELA 技能
- SELA 技能卡（影印自附錄 G）
- 透明膠帶或遮蔽膠帶

⬤ 我是誰？（10 分鐘）

目標：回顧學生在前 14 堂 SELA 課程中發展出來的生活技能。

設定：本節課開始時，先概述目前為止 SELA 方案中學習到的技能。在海報紙上或黑板上寫下以下內容：

- 自我覺察
- 健康的人際關係
- 有效的溝通
- 目標設定

- 問題解決
- 團體建立
- 做決策
- 建立信任
- 領導力

流程：告訴學生：「我們都了解這些技能是很重要的。我們不僅應該列出它們，還更應該能夠描述它們，更重要的是，在別人和我們身上我們都能辨識它們。」

1. 複印一份「SELA 技能卡」（附錄 G）在硬紙板或卡紙上，裁切成卡片，讓每一個學生都可以使用到一張牌卡。
2. 讓每一位學生在另外一位學生背上貼一張卡片，重點是沒有人知道自己背上的牌卡是什麼。
3. 每一個學生都要透過「是」或「否」的問題向班上其他人提問，來發現貼在自己背上卡片的特點。學生不能問特定的問題，如「我的是『領導力』嗎？」除非他問了三個以上的探索性問題。
4. 對同一位學生只能問一個問題。
5. 答案只能是「是」或「否」。
6. 當學生正確辨識出他背上的技能時，就能移除背上的卡片。
7. 活動一直持續到每一個人都辨識出自己背上的技能卡為止。

促進技巧

　　如果團體人數比 SELA 技能卡更多，可重複卡片數量，讓每一個學生都有一張卡片。

② 虛擬投影片放映（20 分鐘）

目標：回顧與讚揚前 14 課的精彩亮點。

設定：讓學生坐下圍成半圓形，看著空白螢幕或白板（好像他們要看電影

一樣）。想像的螢幕也可以。

流程：告訴學生：「想像一下，你正要看一場投影片放映，呈現我們這一學期的最佳表現和成就，我們每個人都會分享幾張投影片。」

1. 作為帶領者，先解釋遙控器的操作規則，告訴小組成員：「數到 3，讓我們一起發出投影機遙控器的聲音，1、2、3，按鍵！」然後敘述你要展示的圖片：「在下一張投影片中你會看到……」。
2. 讓你的學生想出兩、三張他們想要展示關於他們在 SELA 課程期間的畫面。
3. 當學生準備好了，一起發出遙控器聲音，讓學生依序發表，一次呈現一張投影片。

促進技巧

　　這個活動以一種奇妙的方式，把聚光燈從分享者身上移開，而引向投影片放映（空白螢幕）。這樣的方式可以幫助那些當被人群凝視時感到不自在的人，讓他們可以較自在的分享。

三 總結：是這樣嗎？（15 分鐘）

目標：探索學生對學期課程的共同反應。

設定：讓團體站成一圈，在每一個人的腳下放一個圓形標籤（不包含你自己）。在最後為你自己放一個圓形標籤（可以是不同顏色或大小），並指定它為「原點」。

流程：告訴學生：「我們準備要玩『你曾經……？』的變化版，這樣我們可以了解到我們在這學期中學到了什麼。」

1. 問第一個「是這樣嗎？」（Did Ya?）的問題（定下基調），例如：「比起在參加 SELA 課程之前，你對班上其他同學有更多認識，是這樣嗎？」或「你在這個課程中，比其他課程更敢暢所欲言，是這樣嗎？」

2. 向學生解釋：「如果你對這個問題的答案是『是』，你就要從這個圓形標籤移動到一個新的標籤，但不能是隔壁的標籤。如果你的答案是『不是』，那你就留在原地不動。最後會有一位學生站到原點。如果大家都就定位，站在原點的學生就要提出下一個問題。

3. 在原點提問的人必須移動到一個新的標籤，不論他對問題的答案是肯定或否定。這就確保每次都有新的提問者。

4. 在活動中，你可以對那些移動位置的學生提出一些相關的後續問題，例如：「我對這個很好奇，再跟我說說……。」

5. 變化：學生可以想出他們自己的問題，或者帶領者可以將問題寫在卡片上，讓提問者從中挑一個問題來提問。

安全檢查

提醒學生不要在轉換到新的標籤時，撞到其他同學。

LESSON 16

重組：
全方位價值契約——
學期回顧

⚽ **活動**

一、全方位價值契約問題回顧（5 分鐘）

二、星際之門（30 分鐘）

三、總結：重新審視「存在」（10 分鐘）

✍ **材料**

- 全方位價值契約：「存在」與全方位價值概念列表

- 由橡皮筋繩圈出一個繩圈，如果適度的拉開繩圈，足以讓體型最大的孩子穿進去。

一 全方位價值契約問題回顧（5 分鐘）

目標：透過有趣的遊戲來回顧團體的全方位價值契約。

設定：讓學生站成一個緊密的圓圈。

流程：告訴學生：「歡迎回來，我們要玩一個快速又有趣的遊戲。我們也利用這個遊戲來提醒自己我們的全方位價值概念。」

1. 讓學生複習他們的全方位價值概念。鼓勵他們在接下來的活動中思考這可能意味著什麼（例如：投入＝專注於當下；誠實＝如果你的手指被捉

　　住了或沒有被捉住，那就承認吧）。

2. 請學生將右手掌心朝上，放在右邊夥伴的肚子前面。

3. 接下來，要求他們把左手食指指向現在在他們肚子前面的夥伴手掌中間。

4. 解釋在數到 3 的時候，他們有兩個任務：捉住右手掌心上夥伴的手指，同時不讓自己左手食指被捉住。

5. 說明「不彎曲手掌」（手不可以彎成杯子的狀態）的簡單規則，也就是不允許人們為了更容易捉到手掌心上方的手指，而使手掌彎曲向上。

6. 數到 3，看學生進行捉手指遊戲，然後告訴學生，如果他捉到了某人，可以轉向他們說：「捉到了！」

7. 幾輪之後，你可以讓不同的學生來數到 3。

8. 變化：改變為左手放到左手邊的人前面，右手食指指向肚子面前夥伴的手掌心。放在肚子前面的手掌不是朝上，而是從高空中朝下，食指則向上指著掌心。

促進技巧

　　讓這個活動不要停下來並保持趣味性，一旦你感覺到能量減少，就開始下一個活動。

● 星際之門（30 分鐘）

目標：讓整個團體穿過一個不太大的橡皮筋繩圈而不碰到它。

設定：讓團體站成一個圓圈。

流程：告訴學生：「這個活動的目的就是讓所有成員都能通過這個橡皮筋繩圈。這是我們探索如何在冒險中繼續互相支持的機會。當你在通過這個繩圈的時候，請你告訴全班同學他們可以做一件什麼事來幫助你完成其他冒險。

1. 每個人都必須要透過至少一位成員來與團體保持肢體上的接觸，拿著繩

圈的人必須同時接觸成員和繩子。

2. 你可以隨意決定需要多少個拿繩圈的人。但是，正在通過繩圈的人不能
   碰觸到拿著繩圈的人。如果碰觸到他們，則整個小組要重新開始遊戲。

3. 每個拿繩圈的人只能用一隻手拿著線圈。

4. 接下來幾輪的遊戲可以讓學生為自己設定時間目標。

安全檢查

請成員不要把橡皮筋繩拉長又放開，這樣繩子回彈會傷到人。

如果成員進行的速度很快，一定要注意肩膀及背部的動作。

促進技巧

確保繩圈可以容納班上體型最大的成員。

❖ 可使用的問句：

- 在這個活動中，有哪些情緒與身體上的風險？

- 當同學在通過橡皮筋繩之前，他們需要做到什麼？

- 在這個活動中，同學如何展現出適當的支援？這種支援是否能夠幫助
  團體取得更大的成功？請解釋一下為什麼？

- 身為小組的成員，你認為你能夠給予其他同學所需的協助和支援
  嗎？如果有，你做了些什麼？如果沒有，原因何在呢？

- 和你的夥伴討論你個人的責任，來幫助維護一個可以承擔適當風險的
  環境。對你來說，困難和容易的地方在哪裡？討論後與班上其他同學
  分享。

㊂ 總結：重新審視「存在」（10 分鐘）

目標：對全體學生進行全方位價值契約及「存在」的回顧與補充。

設定：拿出「存在」活動的掛圖紙，讓學生圍在周圍。

流程：告訴學生：「我們在學期初的時候創作了這幅圖，藉此來確定什麼

對我們而言是重要的，以及我們希望如何一起成為一個團隊。現在我們要花一些時間檢視我們的這幅圖，看看在我們再次承諾之前是否需要對它做出一些調整。」

1. 請學生花一些時間閱讀他們所寫下關於「存在」所有的單字與概念。
2. 讓學生三人一組討論：
   - 哪些概念對他們在這一學期課程的團隊合作有幫助？
   - 是否有他們認為能夠幫助團體往前發展的任何概念或工具，而這些概念並未包含在這「存在」的掛圖中（或者不再適合，應該刪除的）？
   - 他們認為接下來的幾個月，他們必須（且要能夠）在哪個概念上努力？
3. 讓學生進行報告。團體應該討論對於「存在」的任何建議修改之處，並根據需要做出修改。
4. 讓學生完成討論，並承諾維護這個「存在」。

LESSON 17

目標設定：
設定本學期的行為目標

⚽ 活 動

一、你好嗎？（10 分鐘）

二、我好，你也好（10 分鐘）

三、目標繪製（15 分鐘）

四、總結：目標長廊（10 分鐘）

✍ 材 料

- 目標繪製表（每個學生一張，影印自附錄 H）
- 書寫用具（每個學生一件）
- 細繩
- 遮蔽膠帶

➊ 你好嗎？（10 分鐘）

目標：體驗來自夥伴的認同。

設定：讓團體成員站成一圈，其中一個人站在中間。

流程：告訴學生：「任何時候，認同別人是很重要的事情，尤其是你想要
　　　　幫助他們達成他們的目標時。」

1. 中間的人走向圍成圓圈的其中一個成員，看著他（她）的眼睛，和他（她）握手，說：「你好嗎？」被接近的人回答：「很好，謝謝！」他們重複三次。

2. 第三次握手後，兩個人分開，其中一人在圓圈外面朝著一個方向跑，另外一人在圓圈外面朝著反方向跑。

3. 大約跑了半圈，他們會再次碰頭，當他們這樣做時，他們會再一次停下來，握手並說：「你好嗎？」以及「很好，謝謝！」

4. 然後他們跑回到原來的起點，誰後到，誰就站到圓圈中間。

5. 當跑者繞著圓圈移動時，其他學生可以隨時伸出手來，跑步者**需要**停下來，看著對方的眼睛，握手並說：「你好嗎？」主動伸出手的學生則回答：「很好，謝謝！」這讓每一個人都能夠參與在活動中，並讓外面的跑者慢下來。

安全檢查

請跑者以安全的速度移動，如果圓圈很小，可能要改以快走（或要求腳尖貼著腳跟走）。

讓圍成圓圈的學生提早把手伸出來，以免撞到跑者。

促進技巧

❖ **可使用的問句：**

- 被認同是什麼感覺？
- 認同別人是什麼感覺？

⬛二 我好，你也好（10 分鐘）

目標：確定學生可以互相支援的方式。

設定：你需要一個開放的空間，在那裡小組可以圍成一圈並且可以移動。

流程：告訴學生：「實現目標的一個策略是有一個『夥伴』和一個計畫。

　　在似乎很難實現目標的時候，你的朋友可以成為你的支持來源。這
個活動將會幫助你練習在生活中經歷混亂時，能夠找到彼此。」

1. 讓學生找夥伴，在空地上圍成一個圈，站在夥伴旁邊。
2. 告訴學生，他們要和他們的夥伴一起玩一個有趣的抓人遊戲。
3. 換句話說，告訴他們：「你只要和你的夥伴互相追逐，但是每一個人都
   會同時這麼做。」
4. 讓小組成員想像他們和朋友在一個大型聚會場合中，他們已經說好每隔
   一段時間就會互相確認一下，以確認他們都很好。
5. 解釋這個抓人遊戲就代表聚會，當你抓到你的夥伴時，你說：「你還好
   嗎？」你的夥伴說：「我很好。」並且在數到 10 的同時，你們盡量拉
   開距離。
6. 告訴學生，一旦他們被抓到，他的夥伴就會變成下一個抓人的人，並在
   他們數到 10 之後，追趕他們。當他們找到自己的夥伴並抓到他時說：
   「你還好嗎？」那個人說：「我很好。」數到 10，然後重複這個過程。
7. 提醒學生，被抓到的夥伴回答問題後，原先追趕的人在他（她）數到 10
   時應該趕快遠離他（她）。
8. 讓各組合作的夥伴自己決定誰是抓人的那一個人，並開始遊戲。

安全檢查

　　確保遊戲區域夠大，並且沒有絆倒的危險。學生們應該互相關心，保
持他們的「保險槓伸上來」。

促進技巧

❖ **可使用的問句：**

- 在整個活動中，與你的支持夥伴保持接觸（抓人或被抓）感覺如何？
- 你的目標夥伴能對你帶來哪些幫助，成為你找的人，而不是你逃避的
  人？

- 即使你們分開或離開對方時，你們是如何與對方保持接觸的？
- 如果你真的在一個聚會上，你有什麼方法可以讓你的朋友知道你不太好？

⓷ 目標繪製（15 分鐘）

目標：描述積極且具有挑戰性目標的益處。

設定：給每位學生一份「目標繪製表」（附錄 H）。

流程：告訴學生：「有時候，當我們設定目標時，我們會說一些冠冕堂皇的話，卻沒有真正思考實現目標的益處。舉例來說，學生們常說他們有一個目標，就是在課堂上保持專注，卻沒有好好思考實現目標的益處，比如完成更多的任務、取得更好的成績、贏得同學和老師更多的尊重。」

1. 把「目標繪製表」發給每個學生。
2. 解釋如下：「從你想要改變的中心思想開始。把它寫在大圈圈內，成為我們關注的目標，這就是中心思想。」
3. 接下來，仔細想想進行這個改變的「益處」。
4. 以你的「能力」做這個改變，想想可能會遇到什麼阻礙，你有哪些資源可以幫助你做出改變，克服障礙？
5. 在「需求」的圓圈中，描述你關注這個目標的原因。
6. 鼓勵學生為任何他們認為適合的子主題增加額外的圓圈。

⓸ 總結：目標長廊（10 分鐘）

1. 讓學生直覺的表達出他們的目標（使用目標繪製表的背面）。他們可以使用符號、文字或是圖畫。要求學生列出一到三種具體的方式，讓小組成員可以協助他們實現目標。
2. 用一條細繩像曬衣繩一樣掛起來，讓學生把他們的目標繪製表用膠帶掛

上去。

3. 讓學生花一些時間，靜靜的看看每一個人的目標，並思考他們可以如何
   協助每一個（同學的）具體目標。

4. 讓學生簡要的介紹他們的目標，並就學生該如何為彼此的目標提供協助
   進行簡短的討論。

5. 蒐集學生的目標繪製表，因為將會在第 23 課中用到。你也可以讓學生
   在整個學期中都可以回顧目標。

促進技巧

❖ 可使用的問句：

- 這個目標如何應用在教室或單元？
- 我們需要在這張繪製表上添加什麼嗎？

LESSON 18

健康的關係：
覺察到個人的特質

⚽ 活動

一、我的特質（5 分鐘）

二、墊腳石（25 分鐘）

三、總結：小組問題（15 分鐘）

✍ 材料

- 特質卡，兩套（影印自附錄I）
- 遮蔽膠帶
- 墊腳石（每個學生一塊）
- 兩條作為界線的短繩

➊ 我的特質（5 分鐘）

目標： 確認個人帶給團體助益的特質與優勢。

設定： 在教室裡的一個開放空間擺放裁剪好的特質卡（附錄I），讓學生圍著特質卡成一個圈。如果你想要新增特質，則提供空白卡片。

流程： 告訴學生：「我們在 SELA 課程開始至今一起合作，你們每個人都為班上帶來了不同的特質與能力。在匆忙的學校生活中，花一點時間來反思一下我們哪裡做得不錯是很重要的。」

1. 向學生解釋，等一下你會要求他們挑選一種他們帶給團隊的特質和能力。這些卡片上有些已經印好內容，有些則是空白的。學生可以根據需求將他們的才能填寫在空白處。

2. 學生以兩人或三人為一個小組，簡要的解釋他們為什麼選擇某一特定的特質。

促進技巧

把特質卡影印兩份，事先剪好。提供兩套卡片可讓多個學生選擇相同的特質（如：具挑戰性）。西卡紙或厚一點的紙張是最佳選擇。

二 墊腳石（25 分鐘）

目標：利用墊腳石讓全體成員從「河」的一邊到另外一邊。

設定：設置兩條邊界線相距約 4.5 至 7.5 公尺。根據學生人數和所需要的難度來改變距離（距離越寬越難）。讓每個學生把他們的特質卡貼在一塊墊腳石上。

流程：起點和終點之間的距離可以向學生描述為像一條要跨越的河流，時間是從現在到學年結束的這段時間等等。用故事或隱喻來創作。告訴學生：「團隊必須合作，利用墊腳石上面貼的所有特質卡的詞彙，來成功到達『河』的另外一端。」

1. 學生們必須一起努力把整個小組帶到另外一邊去。

2. 墊腳石必須始終與學生保持接觸，如果一個人沒有接觸到墊腳石，墊腳石就會消失。

3. 如果有一個學生碰觸到地面，或從一個墊腳石上踩空，整個小組就必須重新開始。

安全檢查

謹慎小心。墊腳石在光滑的地板上可能會滑動。

促進技巧

如果成員要求，他們可以先在界線外面進行練習而不會受到處罰。

當你給指令時，不要總是停留在與墊腳石接觸的指令上。仔細觀察，因為參與者經常在活動區域內（界線內）放下一個墊腳石，但卻沒有持續接觸它。如果這樣的話，什麼也別說，就把它撿起來。如他們問起，你可以這樣回答：「你的小組沒有遵守哪一條規則？」在第一次之後，他們會更加小心，但隨著他們的移動，小組似乎會鬆懈，忘了保持接觸。

如果小組遇到困難很難進行下去，你可以請他們說出一個他們在活動中看到優勢被運用的簡單例子，那麼他們便能重新獲得一個墊腳石。

三 總結：小組問題（15 分鐘）

目標：討論不同正向行為對團體成就的影響。

設定：分成三人小組。

1. 讓學生討論以下問題（5 至 10 分鐘）：
   - 想想你貼在你的墊腳石上的內容。是什麼正向的個人和團隊特質讓你們能夠成功？
   - 為什麼這些在團隊合作中很重要？
   - 你在這一次活動中學到最重要的事情是什麼？你如何將此運用在其他活動中？
2. 讓小組就第三個問題進行分享。

LESSON 19

健康的關係：共識

活動

一、魔鬼氈的圈圈（10 分鐘）

二、盲目形狀（15 分鐘）

三、盲多邊形（15 分鐘）

四、總結：單詞接龍（5 分鐘）

材料

• 眼罩（每個學生一副）

• 一根長繩結成一個圈

一 魔鬼氈的圈圈（10 分鐘）

目標：讓學生熟悉閉著眼睛移動的感覺。

設定：讓學生聚集在一起講解流程。確保你的遊戲空間中沒有障礙物。

流程：告訴學生：「在這個活動中，你將會有機會考慮三個不同的舒適區，並且幫助彼此確保安全。」

1. 讓學生圍成一個「魔鬼氈的圈圈」（Velcro circle），也就是一個緊密的圈，學生們的肩膀上如果有魔鬼氈，他們就會黏在一起。

2. 解釋每個成員將與他（她）的隔壁鄰居進行一次交換。對話內容是重複之前「你好嗎？」遊戲中的會話，回答永遠是：「很好，謝謝！」這段對話應該不斷的進行，直到每個人都問與答好幾次。

3. 解釋「**胡亂**」（muddling）是一種特殊的走路方式，學生們有機會這樣做。「胡亂」就是企鵝走路的方式，兩隻腳靠得很近，而「手」（翅膀）伸在前面。

4. 讓學生閉上眼睛。提醒他們自己有責任照顧好自己——在這種情況下，如果他們進入恐慌區，就可以偷看。

5. 指導學生閉上眼睛從圈圈中「胡亂」走出來，直到你大喊：「停！」這會讓他們分散開來。注意每一個人的安全（「胡亂」走可以防止他們走得太快）。

6. 喊：「停！」並告訴學生們，他們的下一個挑戰是在保持閉著眼睛的情形下，重新形成他們原來的圓圈。唯一能認出他們在圈子裡原來鄰居的方法就是用「你好嗎？」和「很好，謝謝！」對話。

7. 當整個團體都認為他們在正確的位置時，學生就可以睜開眼睛。

安全檢查

　　確保團體已經準備好進行這個閉著眼睛的活動。也很重要的是，要確認當你要求他們時，他們會停下來。提醒同學們「胡亂」走時要慢慢的，不要碰撞任何人或物體。

● 盲目形狀（15 分鐘）

目標：蒙著眼睛以繩索做出各種形狀。

設定：把繩子放在地上形成一個圈（兩端打起一個安全的繩結），讓學生圍起來。分發眼罩（每個人一副）。蒙上眼睛後，讓學生雙手拾起繩子，注意不要拉繩子。

流程：告訴學生：「在 SELA 課程開始至今，我們看到互相信任、良好的

溝通和培養問題解決能力的重要性。我們今天的活動會讓你閉著眼睛合作，讓你們看不到彼此，甚至看不到你們正在做的工作。」

1. 任務是用繩子創造不同的形狀。無論何時，每一個人都必須要至少一隻手抓住繩子。當他們認為自己（透過共識）做出正確的形狀時，他們可以放下眼罩來檢查自己的作品。

2. 先做一個圓，讓學生體驗這種感覺。然後再做二到四個較具挑戰的形狀（如正方形、等邊三角形、梯形）。然後你或學生可以選擇其他要做的形狀。

安全檢查

學生不應該用力拉繩子！

注意學生在蒙上眼睛時，不要撞到對方或碰到桌椅。

促進技巧

作為下個活動「盲多邊形」的引子，你可以問問學生他們在這個活動成功的策略是什麼？

三 盲多邊形（15 分鐘）

目標：蒙著眼睛創造出一個「完美」的多邊形。

設定：與「盲目形狀」相同。

流程：告訴學生：「你們接下來的挑戰是再次蒙上眼睛，創造一個**完美的多邊形**。」

1. 讓學生把眼罩戴上，把繩子拿起來，小心不要用力拉繩子。

2. 在學生們同意他們的多邊形是完美的之後，然後才能拿下眼罩。

安全檢查

學生不應該用力拉繩子，以免被繩子磨傷。

注意學生在蒙上眼睛時，不要撞到對方或碰到桌椅。

促進技巧

學生們有時候會對「完美」多邊形的定義感到沮喪。如果他們問：「我們已經完成了嗎？」讓他們與小組成員來做決定，一旦大家都同意了，他們就可以拿下眼罩來檢視自己的作品。

四 總結：單詞接龍（5分鐘）

1. 讓學生圍成一圈。
2. 提出下列問題，並限制學生只能回答一個單詞（或成語）：
   • 用一個單詞來評價團隊做決定的能力。
   • 用一個單詞來解釋這個會如何改變你未來怎樣做決定。

健康的關係：同理心

LESSON 20

⚽ 活動

一、瘋狂氣球（10 分鐘）

二、保護者（25 分鐘）

三、總結：配對分享（10 分鐘）

✏️ 材料

- 易吹氣球（每個學生一個，外加一些備用）
- 圓形標籤（每個學生一個）
- 羊毛球（一個）

● 瘋狂氣球（10 分鐘）

目標：讓每個人的氣球在空中保持平衡。

設定：在室內清理一個大的開放空間。請學生自己吹氣球。每個人都開始在這個空間中分散開來，手裡拿著自己的氣球。

流程：告訴學生：「這是一個讓你們練習設定和評估團隊目標的機會。你要拋擲每個人的氣球進行雜要，所以你不能只專注在自己的氣球上。」

1. 讓小組設定一個目標，即在開始之前，估計他們能夠同時保持多少氣球在空中。
2. 在聽到「開始」的時候，小組裡的每個學生都要把他們的氣球拍到空中，氣球必須始終保持在空中，一旦氣球碰觸到地面，小組就必須要重新開始。
3. 團體成員應該留意或監控自己碰觸的那顆球。
4. 給小組幾分鐘的時間，來達成或超越他們最初的目標。然後宣布暫停，讓他們擬定更好的策略；如果他們需要以任何方式改變目標，就讓他們重申他們的目標。

安全檢查

　　確保場地沒有障礙物，場地足夠大，天花板也夠高。

　　試圖讓氣球上升時，提醒學生小心不要用腳和手做出瘋狂的姿勢，沒有人想要被拳打腳踢！

促進技巧

　　如果團隊不能自我監控他們的行為和「犯規」，你可能需要找志願者協助監控團隊。

　　準備一些額外的氣球，以替換那些不小心破掉的氣球。

二 保護者（25 分鐘）

目標：體驗成為某人的保護者和被保護者。

設定：讓學生圍成一圈。在每個人腳邊放置一個圓形標籤。選擇一個人充當「受保護者」，一個人擔任「保鏢」。

流程：告訴學生：「這是抓人遊戲的一種，但有三個不同的角色。理想狀況下，每個人都應該體驗這三個角色。思考一下你在冒險方面有什麼需要，以及其他人能做什麼來保護你。」

1. 定義遊戲中的三個角色：
   - 投擲者：作為團隊的一員，一起把球扔向受保護者。
   - 保鏢：擋球或讓球轉向以保護受保護者。
   - 受保護者：與保鏢一起合作，避免被羊毛球打到。
2. 投擲者需要一隻腳站在圓形標籤上才能投球，任何時候都不能踏入圓圈中。
3. 投擲者可以在任何時候把球傳給他們隊中的任何一個人。
4. 投擲者必須往受保護者肩膀以下的地方投擲，否則被打到（「抓到」）不算數。
5. 如果球打在受保護者肩膀以下的任何地方，則被認定為「抓到」受保護者。被彈跳球打到不算。
6. 保鏢可以擋球，但是不能把球扔離投擲者（說明：因為依據第二點，投擲者的其中一隻腳必須要站在點上，如果保鏢把球丟往別處遊戲就要中止了，因此不能把球扔離投擲者）。
7. 角色轉換：成功「抓到」的投擲者變成受保護者，受保護者變成保鏢，而保鏢則變成投擲者。

安全檢查

一定要用柔軟的投擲物體，強調要朝低於肩膀高度的地方投擲。

確保場地平整，沒有障礙物，因為場中的兩名成員會快速移動。

促進技巧

場中兩名成員會變得非常疲憊，一旦這樣的狀況發生時，考慮轉換角色。

❖ 可使用的問句：

- 你最喜歡什麼角色？為什麼？
- 在這個活動中，保鏢為你做了什麼？你在生活中的什麼時候會扮演這

　　個角色？

- 你什麼時候會想要有個保護者？

三　總結：配對分享（10分鐘）

1. 與全班成員一同定義同理心。

2. 讓學生兩人一組討論以下問題：

- 在今天的活動中，同理心是如何表現的？
- 在日常生活中，你在哪裡會體驗到同理心？
- 是什麼讓你更容易給予及接受同理心？又是什麼讓它變得困難？

3. 把學生聚集起來，請一些學生分享他們的討論內容。

健康的關係：
信任——系列四

一、大家起立（15 分鐘）
二、空中漂浮（25 分鐘）
三、總結：連續線段（5 分鐘）

• 無

一　大家起立（15 分鐘）

目標：讓學生從坐定的姿勢站起來，與同儕一起合作。

設定：讓你的學生圍成一圈。

流程：告訴學生：「生活中有些事情是無法獨自完成的。在這個活動中，
　　　　你需要別人的協助來達成你的目標。我們之後將會回到這個活動，
　　　　看看我們是否向前邁進了一、兩步。」

1. 讓成員兩兩成一組。

2. 讓他們面對面坐著，腳趾接觸，學生們彼此握住雙手或手臂，以這個姿
　 勢站起來。

3. 當他們準備好了，學生們可以兩兩一組嘗試站起來。

4. 一旦他們成功，讓小組兩兩合併，成為四個人一組。讓他們嘗試一起站起來。

5. 讓四人小組兩兩合併。

6. 繼續添加小組人數，看看小組直到擴展到多大都還能靠著成員彼此的力量支持而能夠站起來。

安全檢查

在嘗試之前，確定成員之前是否有手腕、手臂或肩膀受傷。

促進技巧

學生可以享受在這個活動中，但是要記住這是一個嚴肅的活動，要以這樣的態度來參與。

二 空中漂浮（25 分鐘）

目標：建立信任，讓學生相互支持。

流程：告訴學生：「每個人都知道空中漂浮是什麼嗎？好的，如果我們都願意，今天我們都將有機會體驗。」

1. 請一位志願者躺在地上，臉朝上。

2. 其餘的人把手放在志願者的身體下方，其中一個人應該要被分配到照顧志願者的頭部。

3. 選擇一位領導者（在第一輪應該由教師或帶領者擔任），領導者需在每一輪活動中下達指令。領導者詢問志願者是否準備好了，如果志願者回答「是」，那麼領導者就會問：「舉重選手準備好了嗎？」等團隊做出相對應的回應。

4. 當所有人都準備好了，根據領導者的指令，團隊把志願者舉到腰部的高度。重要的是志願者要保持靜止不動並挺直身體。

5. 根據團隊成員以及志願者的舒適程度，志願者可以被舉高到更高的位置，甚至可以到達肩膀的高度。

6. 根據領導者的指令，志願者慢慢的被放下來，在放下來的過程中，輕微的搖晃直到他安全著陸。

安全檢查

在這項活動中，「選擇性挑戰」是不可避免的。

確保志願者的頭部與身體部分保持平衡，而且身體保持水平。提醒團隊成員，一個人的軀幹比腿部重，安排更多人抬起軀幹。

促進技巧

只有在得到允許的狀況下，團隊才能將志願者舉得更高。

在志願者被舉起來之後，你可以讓團隊旋轉 360 度。

無聲的完成這件事情，將會帶給你非常寧靜的體驗。

三 總結：連續線段（5 分鐘）

目標： 幫助學生快速反思他們在這學年以來建立的信任感。

流程： 告訴學生：「我們要用一個想像的連續線段來思考我們團體的信任感。」

1. 在教室布置一個象徵成功的連續線段，一端為 A，另外一端為 B（見下圖）。

A ●————————————————————————————● B

2. 針對每個問題，讓學生自己選擇站在這個連續線段的哪個位置，並且可根據需要與每個學生進行核對。

- A 是舉起人來，B 是被舉起來，對你來說哪一個更害怕？
- 這個活動帶給你的是關於：A 身體風險，還是 B 情緒風險？
- 這團體對你的影響是：A 積極的，還是 B 消極的？
- 請為自己打分數（A 是高分，B 是低分），看你在學年剛開始的時候是否信任團體？再評估一下你現在對團體的信任程度。
- 請為自己打分數（A 是高分，B 是低分），看你在學年剛開始的時候認為自己有多值得信賴？那麼，為現在的自己再打一次分數。

促進技巧

　　根據時間的不同，你可以參與討論信任是如何建立的、信任在學生的生活中有多重要、身體與情緒風險之間的差異，以及學生是如何（成為）值得信任的。

LESSON 22

健康的關係：協商

一、心靈握手（5 分鐘）

二、定位正方形（5 分鐘）

三、協商廣場（25 分鐘）

四、總結：人體攝影機（10 分鐘）

• 無

❶ 心靈握手（5 分鐘）

目標：用一個有趣的方式來分組。

設定：讓學生圍成一個圓圈。

1. 解釋你要請學生在他們的腦中從數字 1 到 4 中選擇一個（只能選一個），他們不能更改數字。

2. 在活動開始之前，學生不能與任何人溝通他們所選的數字，無論以口語還是其他任何方式。

3. 學生將透過與其他人握手來找到他們的小組。每一個人都要根據他們腦

中想的數字作為握手次數，而他們的夥伴也會這樣做。

4. 解釋這個活動的關鍵，就是讓學生們在握完所想的次數後讓他們的手臂保持固定不動。「所以，如果你想的數字是『3』而我想的數字是『2』，我們會很高興的在前兩次互相握手，然後我的手臂會突然僵直，不再搖動。」

5. 一旦每一位學生心中都選好數字，請他們以友好的方式進行交流和握手。當他們遇到數字跟他們一樣的人時，他們就形成一個小組。

6. 在活動結束時，你可能會遇到小組規模大小不一的狀況。從大組中邀請志願者加入小的小組之中，盡量使四組人數大致相同。

安全檢查

強調「友好的」握手，這個活動是要猜測握手次數，而不是緊握著對方的手。

促進技巧

一個不錯的點子是，在你說「開始」之前，先對大家示範一下「握手」和「保持固定不動」的姿勢是什麼樣子，給每一個人一點提示。

⬤ 定位正方形（5 分鐘）

目標：依據指示，保持正確的方位。

設定：讓學生排成一個正方形，每一個邊由上一個活動的一個小組所排成。你站在正方形的中間，明確的面對其中「一邊」。

流程：告訴學生：「團隊合作是這個活動的挑戰，並且保持這個正方形相對於我的正確方位。當我改變方向時，你必須要根據你與我的位置方向重新定位。」

1. 向他們解釋，你會轉向，正方形需要盡快重新組織起來。也就是說，面對你的學生應該仍然在你面前，那些在你左手邊的學生應該仍然在你左

手邊。

2. 從較小的旋轉開始（如：45 度），然後逐漸以較大的角度轉向。

安全檢查

確認活動場地已清空沒有其他物品，並提醒學生在換位置時要注意彼此。

促進技巧

這個活動的進行主要是為了趣味，並為之後的活動設定好組別。

三 協商廣場（25 分鐘）

目標：與其他小組進行協商，達成一個有共識的群體象徵和口號。

設定：讓小組維持在前一個活動的正方形中。

流程：告訴學生：「在這個活動中將測試你們的協商能力以及心理能量！」

1. 讓四個小組先各自帶開，私下創造出一個帶有聲音的動作來代表他們的小組。這個動作與聲音需要容易學也容易跟著做。

2. 請各組回到正方形中，一組一組展示他們的動作和聲音，讓其他小組學習和練習所呈現的每個動作和聲音。

3. 四個小組再次各自帶開。小組現在必須從他們所學到共四種動作和聲音中選擇一個作為下一次要做的動作和聲音，這種活動的目標是讓所有成員同時做出同樣的動作和聲音，而不需要計畫或是與其他小組討論交流。

4. 當每個小組都安靜的做出決定後，讓他們回到正方形中，數到 3，每個人都做他們所選擇的動作。

5. 在少數狀況下，所有成員在第一次就做出全部相同的動作；如果沒有，就讓活動繼續進行，直到所有成員都做出相同的動作。

6. 觀察班級中是如何進行協商或未能達成協商。記住，小組之間是不能有相互交流的！

安全檢查

這個活動不需要特定的安全檢查程序。

促進技巧

如果小組在第一次就達成相同的聲音和動作，就重新分組、創造新的動作和聲音，再次進行這個活動。

如果小組花了好一陣子來協調，觀察他們的挫折感，只有在必要時才進行介入。他們最終會做到的，所以需要有點耐心。

❖ 摘要問題：

讓各小組討論：

- 我們班容易設法協商嗎？為什麼？或是為什麼不呢？
- 我們從中學到什麼協商的能力，可在學校中的其他團體裡，或者和這個小組裡的其他人協商？

然後，在時間允許的狀況下，請所有成員集合來分享所學到的知識。如果需要的話，你可以請他們舉一、兩個例子。

🄃 總結：人體攝影機（10分鐘）

目標：兩兩一組，反思協商的概念。

設定：讓學生兩兩一組配對。

流程：告訴學生：「你們每個人都有機會成為一個拍照的攝影師，作為一位攝影師，你將會環顧整間教室，並且捕捉每一張在某種程度上代表協商的照片。」

1. 攝影師的任務是捕捉代表協商的畫面。他們的夥伴要扮演人體攝影機的角色。

2. 每個人有 1 分鐘的時間可以在教室裡走來走去，去想像他們要拍的畫面。

3. 一旦回到兩人小組中時，他們將指定誰先當攝影師，誰先當人體攝影機。

4. 攝影師帶領著閉著眼睛的人體攝影機去拍他（她）的照片。

5. 當攝影師站在他要拍的畫面前面，他們就應該小心的把人體攝影機放在適當的位置，這樣他們一張開眼睛時，就能夠直接看到攝影師所指定的畫面。

6. 輕輕拍人體攝影機的頭部就可以拍照。當這樣做的時候，人體攝影機就會快速的張開和閉起他的眼睛，以獲取眼前的畫面。

7. 然後兩位夥伴交換角色，重複上述的動作。

安全檢查

評估學生是否準備好可以獨立帶領他人。

要求學生承諾照顧好他們閉眼的夥伴。

如果有必要的話，指定一個特定區域，是學生應該避免及限制遊走的區域。

LESSON 23 目標設定：評估目標與設定長期目標

⚽ 活動

一、配對分享目標（10 分鐘）

二、密集傳球（30 分鐘）

三、總結：籃子投票（5 分鐘）

✍ 材料

- 密集傳球工具組
- 橡膠雞

● 配對分享目標（10 分鐘）

目標：寒假後回顧學生的目標。

設定：發下學生在第 17 課寫下的「目標繪製表」，並要求學生兩兩一組。

流程：告訴學生：「只有當你回過頭來激勵自己、拓展自己以及檢視自己的進步時，目標才會是有用的。這一次活動中，我們將回顧你所設定的目標。」

　　讓學生回顧他們的目標，並與他們的夥伴討論他們的進步，可以細想以下的問題：

- 他們採取了哪些步驟來接近他們的目標？
- 他們是否仍然受到這個所欲實現的目標所激勵著？如果沒有，讓他們重新設定他們的目標。
- 他們下一步要採取什麼措施來實現目前所設定的目標？

⚏ 密集傳球（30 分鐘）

目標：盡可能成功傳遞更多的物品來達到自我決定的目標。

設定：用繩子創造一個相當大的正方形（每邊長約 4.5 至 7.5 公尺）。確認正方形有清楚的四個角，在正方形的一個角上放一個籃子（籃子 1），在對角上放另外一個籃子（籃子 2）。將羊毛球、泡泡球（保麗龍球）和橡膠雞放在籃子 1。

流程：告訴學生：「這個活動需要你在正方形周邊傳遞多個物品。成功的關鍵在於需要有效計畫的能力，但擬定策略時也有創造性思考的機會。我會告訴你們所有的規則，然後我會給你們一些時間來規畫。」

1. 團體的目標是透過連續幾回合的活動（最多六回合）來提高他們的分數，並在最後一回合達到最高的分數。說明以下規則，然後留一些時間讓學生做計畫。分數是依據 90 秒內（每一回合）放入了多少物品到籃子 2 裡來決定。

2. 在每一回合開始的時候，所有物品都必須從籃子 1 內開始取出。

3. 當第一個物品從籃子 1 中取出時，就開始計算每一回合的時間。

4. 正方形四邊至少要有一個學生。

5. 一旦學生選擇站在正方形的某一邊時，他（她）在這一回合內就不可以再改換位置。

6. 每一個物品從籃子 1 取出後，放進籃子 2 之前，每個參與者都必須要碰觸到它。

7. 物品不得傳給鄰近的左右兩人，換句話說，物品在傳接時必須要「跳過」至少一個人。

8. 每一件被成功放置到籃子 2 裡的物品都可以獲得分數。

9. 每當傳接一個物品時，它必須從正方形內部穿越（也就是不得在正方形的外面或是任何人的身後傳遞）。

10. 當有任何一個物品被丟到邊界之外時，如果在這一回合需要使用到它，則必須要放回到籃子 1 中。

11. 如果有任何一個物品掉在正方形中，就不可以被撿回，並且在這一回合就不能再使用。

12. 在比賽中，任何成員都不得進入正方形場地邊界內，如果發生這樣的狀況，所有物品必須要歸回到開始的籃子（籃子 1）中。

13. 時間終止時，所有的動作都必須停止。此時，學生要數一數籃子 2 中的物品，並將他們的分數記錄下來。

14. 計分：一個羊毛球給 10 分，一個泡泡球（保麗龍球）給 20 分。

15. 在每一回合之間給學生 1 分鐘的計畫時間，這樣學生們就能不斷的改善他們的時間運用。

16. 進行三回合或更多回合。

促進技巧

為了提高這項活動的挑戰性，加入不同的物品給予不同的分數值，例如：一個橡膠雞給 50 分。

尋找以下主題：創意發想、時間管理、創造性問題解決、傾聽與包容。使用這些來引發問題並進行討論。

三 總結：籃子投票（5 分鐘）

設定：給每個學生一個球，把籃子放在兩個不同的區域。

1. 思考一下「密集傳球」活動中出現的主題。

2. 告訴學生，每一個籃子代表你想要問的問題投票或回答。

3. 當你提出問題，讓學生把球丟進籃子內進行投票。

4. 如此一來，得到最多票數的籃子便一目了然。

促進技巧

❖ 問題可能包括：

- 你在實現目標方面有多成功（不是很成功或非常成功）？
- 你覺得自己有參與在計畫過程中嗎（有或沒有）？
- 你在這個活動中，扮演怎麼樣的傾聽者／支持者（好的或不好的）？

重要的是為那些投票落在團體多數之外的成員，創造一個安全的環境。不要說：「嘿，當我們其他人投了『非常成功』的票時，誰投了『不是很成功』的票？」而是問團體成員：「你們能想想有人在這最後一項活動裡怎麼會投不同方向的票嗎？」

LESSON 24

領導力：
什麼是領導力？

⚽ 活動

一、汽車和司機（10分鐘）

二、別破壞冰塊（25分鐘）

三、總結：領導力分析圖（10分鐘）

✍ 材料

• 三角錐

• 一半團體人數要用的眼罩（可選擇性使用）

• 掛圖紙或白板

• 各色麥克筆

• 長繩

• 墊腳石（每個學生一塊）

● 汽車和司機（10分鐘）

目標：理解對他人負責的意義是什麼，反過來也體會成為追隨者的意義。

設定：找一個大型的遊戲區、體育館或運動場。用三角錐布置成一條代表汽車和司機可以持續前進的道路。讓學生兩人一組相互合作。

流程： 告訴學生：「在這個活動中，你有機會成為一位開著非常昂貴汽車
的駕駛員。你的任務就是讓這輛車避免碰撞到任何東西，避開所有
障礙物，包括其他車輛。」

1. 介紹遊戲的規則之前，問學生當他們閉著眼睛進行活動時，要考慮哪些
   安全要素？
2. 速度要放慢。如果有必要，可以讓學生「偷看」。
3. 幫學生分組，讓一名學生站在另一名學生的前面。站在前面的學生扮演
   汽車，站在後面的學生扮演司機。扮演汽車的學生要把他們的手伸直起
   來當作「保險桿」。
4. 司機們將他們的手放在汽車的肩膀上，並使用口語溝通來引導汽車。
5. 讓一組學生先進入預設的「道路」，以便與後面進入的小組之間保持至
   少有 4.5 公尺的距離。
6. 司機在這趟路程中要安全的「駕駛」他們的汽車。
7. 學生完成這趟路程後，如果時間允許，他們可以互換角色。

安全檢查

提供眼罩，但也可以讓學生自己選擇閉著眼睛。

遊戲要在沒有障礙的地方進行。

促進技巧

讓學生有機會選擇只使用口頭指示。這有助於那些對身體接觸感到不
自在的人。

❖ 可使用的問句：

* 扮演司機的感覺如何？扮演汽車的感覺如何？
* 你最喜歡扮演哪一個，為什麼？

● 別破壞冰塊（25 分鐘）

目標：想盡辦法讓整個團隊在冰塊融化消失前還能站在上面。

設定：用繩子圍成一個圓或是其他獨特的形狀，並且確保它是封閉的。在你設計出來的新形狀內擺滿墊腳石，並確保沒有任兩塊墊腳石會相互碰觸。

流程：告訴學生：「你的團隊正要穿過冰凍的湖。然而，受到全球暖化的影響，湖泊正在融化，你們只能踩在小冰塊上，必須讓整個團隊踏在小冰塊上而不碰到水。要是你們碰到了水，就會被凍僵，所有人必須回到岸上進行急救。如果發生這種情況，整個團隊就必須回去重新出發。」

1. 確認所有學生都明白他們必須踏在小冰塊上，並在不碰到「水」的情況下抵達岸上才算成功。
2. 任何時候只要一個成員碰到水，整個團隊就要重新開始。
3. 不能讓小冰塊在地上滑動。
4. 當每一輪成功結束時，團體可以增加挑戰性，決定從湖中移除哪一個小冰塊，並將另一個小冰塊移到新位置，以便達成任務。學生應該使用「決定拇指」來做決定。
5. 下一輪進行的方式完全相同；所有學生要在小冰塊上移動，都不能碰到水。
6. 活動持續進行，直到團隊沒有小冰塊足以完成任務時結束。

安全檢查

不能背人或是用手倒立。

促進技巧

為了幫助學生遵守「決定拇指」，只有老師可以移動或移除湖中的

「小冰塊」。確認學生提出的要求是確實達成共識的。

⊜ 總結：**領導力分析圖（10 分鐘）**

目標：加深對領導力概念的理解。

流程：告訴學生：「我們發現在這一年的課程中幫助我們團體成功的原因
就是領導力。有時候，領導力的定義很明確，像是在『汽車和司
機』活動一樣。有時候領導力卻沒有明確的定義，而且是由團體的
內部引發。讓我們多思考一下領導力對我們的意義是什麼。」

1. 對你的學生解釋，同一個詞彙對不同的人可能有不同的含義。
2. 在白板、海報或掛圖紙上繪製下表：

領導力		
看起來像	感覺起來像	聽起來像

3. 全班應該腦力激盪去討論領導力看起來、感覺起來和聽起來像什麼。沒
有正確或錯誤的答案，就是人們對這個詞彙的看法。寫下所有想到的內
容。盡量不要互相討論。如果你需要在腦力激盪中增加更多的結構，也
許可以使用發言權杖^{（譯註）}或舉手。

譯註：發言權杖（talking stick）是指印第安人議事時會有一根權杖代表發言權，只有
　　　拿到它的人才能發言。而獲得權杖的唯一方式就是要重複對方的話，先讓對方
　　　認同你，你才有權發言。這種方法在面對衝突時，會有個神奇的情況出現，就
　　　是原本十分激動急著搶話的人，當他複述完對方的話並取得對方認可後，他卻
　　　安靜無言了。因為他發現已經能理解對方的意思，而無需再辯駁了。

以「領導力」這個詞為例：

- 它可能**看起來像**每個人都在看著和聆聽著某人。
- 它可能**感覺起來像**人們重視你的想法，並且視你為解決方案的重要部分。
- 它可能**聽起來像**是某個人提出了一個想法，或者組織團體去嘗試一個創意。

4. 一旦你填寫完這個圖表，就以目前寫在上面的內容進行討論。現在是可以讓學生解釋他們的想法、澄清觀點並達成某種程度共識的時機。你不會想要在這上面花大量的時間，僅僅是讓團體理解並同意一些一般性的語言、行為和感覺，但不要花太多時間而讓學生感到厭倦和失去專注。你會意識到，當對話的動力逐漸減弱時，便是討論下一個話題的時機。

領導力：
領導力和追隨力

🌐 活動

一、前／後／左／右（5 分鐘）

二、教唆犯（10 分鐘）

三、通過陷阱（25 分鐘）

四、總結：通過陷阱的物品（5 分鐘）

✍️ 材料

- 長繩

- 各種隨機物品（橡膠雞、泡泡球、羊毛球、圓形標籤等）（30 個以上）

- 眼罩（如有需要）

❶ 前／後／左／右（5 分鐘）

目標：為了讓學生暖身，導入有點混亂和樂趣的元素。

設定：讓學生站著圍成一個大圓圈。

流程：告訴學生：「今天的活動需要快速思考。為了讓我們的大腦動起來，我們即將開始進行一個很簡短的活動。」

1. 對學生解釋，要他們複誦你給的方向（前、後、左、右），並朝那個方向往前跳一步。

2. 多做幾回前、後、左、右、前、前、左……等練習，直到學生知道如何去做。

3. 第二輪：學生必須說出相反的方向並做出相反的動作（例如：老師說「後」，學生就要說「前」，然後向前跳一步）。

4. 第三輪：學生說出相反的方向，但要做出正確的動作（例如：老師說「後」，學生則要說「前」，但是要往後跳一步。）

安全檢查

若是空間受到限制，選擇適當的跳躍方向指令。

❷ 教唆犯（10 分鐘）

目標：探索追隨力的概念。

設定：只要是舒適的空間都可以。學生們需要一直站著並準備好要兜著大圈圈轉。

流程：告訴學生：「這項活動將考驗你的觀察技巧和注意細節的能力，並幫助你了解一些成為一位追隨者的特質。」

1. 指定一個人離開教室或團體目前所在的區域。離開的這個人被指定為「探測者」。

2. 從待在原地的團體成員中選一個人作為「教唆犯」。

3. 這個活動非常簡單。每個人都在暗地裡偷偷觀察模仿教唆犯。無論教唆犯做什麼，每個人都會跟著做。

4. 然而，教唆犯要負責讓他（她）自己動作的變化非常細微，因為當探測者從外面回來後，會試圖找出教唆犯是誰。

5. 探測者重回到團體時開始進行活動。他（她）必須仔細觀察團體的人直到他能夠確定教唆犯是誰。

6. 提醒：為了讓探測者難以辨認出誰是教唆犯，其他人在模仿時應該特別
　小心。每個人都不要一直盯著教唆犯。

促進技巧

❖ **可使用的問句：**

- 跟隨教唆犯容易嗎？一般而言，跟隨別人容易做到嗎？
- 是否因不同的人和不同的情況而有所不同？

三 通過陷阱（25 分鐘）

目標：以口語指導被蒙住眼睛的夥伴通過「陷阱」路線。

設定：使用長繩在地上圍出一個大的長方形（約 4.5×7.5 公尺）。在邊界
　範圍內散布各種物體（球、填充動物、圓形標籤等），要讓戴眼罩
　的學生在不踩到物體的情況下，無法輕易的從長方形的一端走向另
　一端（參見下圖）。要求學生兩人一組一起進行活動。

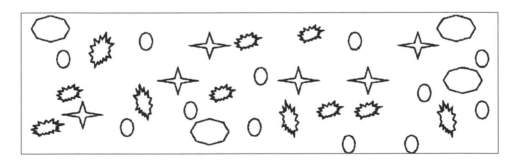

流程：告訴學生：「這是一個蒙住眼睛的活動。其中一位夥伴要『引導』
　看不見的夥伴進入一個充滿陷阱的地方。思考一下我們的『全方位
　價值契約』，以及它如何幫助你分擔進入陷阱後看不見崎嶇不平道
　路的風險。」

1. 向全部成員展示要放在陷阱區內的各種物品。

2. 讓每一對夥伴自己決定誰要被蒙上眼睛，誰要成為引導者。

3. 目標是所有看不見的學生，能成功的從長方形的一端走到另一端而不觸及任何物品。

4. 引導者不得碰觸他們的夥伴或進入陷阱區內。

5. 把全部成員每個人碰觸到物品的次數加起來，總和要盡量越少越好。

6. 第一個人完成後，兩個夥伴要簡單討論哪些引導策略是有效的，哪些是無效的。

7. 兩位夥伴相互交換角色，並重複以上活動。

8. 蒙住眼睛的學生從長方形的一端進入另一端離開。

9. 每組活動開始的時間需有 30 秒的間隔，以避免太多人而造成堵塞。

安全檢查

請穿越陷阱的人要將「保險槓伸上來」（手臂稍微彎曲，舉起手來保護自己）。

提醒學生，要負責被蒙住眼睛的夥伴的安全。

促進技巧

學生們可以選擇是否要使用眼罩或只是閉上眼睛。

可選擇的作法：你也可以允許引導者與他們的夥伴一起進入陷阱。

四 總結：通過陷阱的物品（5 分鐘）

設定：使用「通過陷阱」活動中的障礙物。讓學生站在陷阱區的周圍。

1. 要求學生反思追隨力和領導力的意涵，並在心中選擇一個能代表「追隨力」和「領導力」的物品，以及某個能代表從活動中學到的物品。然後和自己的夥伴分享這兩個物品和他們選擇的原因。

2. 不可以拿起那些物品，這樣所有學生在描述情境關聯時，才能看見物品的範圍。

問題解決：
回顧 ABCDE 模式

活動

一、手指加總（5 分鐘）

二、打孔器（30 分鐘）

三、總結：優點／改進（10 分鐘）

材料

- 打孔器組合（30 個寫上數字的圓形標籤）
- 圍出圓圈界線的繩子
- 起始線
- 「ABCDE 問題解決」講義（影印自附錄 F）
- 「打孔器遊戲規則」講義（影印自附錄 J）
- 優點／改進工作表（影印自附錄 K），每位學生一張

一 手指加總（5 分鐘）

目標：將兩名競賽者比出的手指數目快速加總起來。

設定：讓學生們兩人一組。

流程：告訴學生：「有時我們必須在解決問題時迅速做出反應。這場遊戲將測試你的反應時間。」

1. 請夥伴雙方面對面。

2. 遊戲開始的規則是由兩人中的一人喊出「預備」。此時，每個人將雙手放在背後並比出代表數量的手指數目（只有他們心裡會知道）。手指數目會在 0（雙手緊握）到 10（所有手指和拇指都伸出）之間變化。

3. 當第二個人準備好時，他們會喊出「開始」。每位夥伴一起從背後伸出手指數到前面來。

4. 由於四隻手都可見，先說出（兩名玩家）所有手指總和的人是勝利者。舉例來說，如果你伸出六根手指，而你的夥伴比出三根手指，則先喊出「9」的玩家獲勝。

促進技巧

如果學生在短時間內很簡單的就交融在一起，表示這個遊戲的效果很好。一旦有成員遇到一個願意玩的夥伴，他們就可以對決起來。這種對戰組合可以進行一、兩回合後，再繼續尋找新的對手。

⚫ 打孔器（30 分鐘）

目標： 計算哪一隊在最短時間內依據數字的順序碰觸完所有的圓形標籤。

設定： 用繩子製作一個圓形邊界。在圓圈內隨機放置 30 個編好數字順序的圓形標籤。將一些圓形標籤放置在邊界的內側，好讓學生不能從邊界外就碰到（參見下頁圖，圖中的數字放置只是一個例子，每次活動重新布置時數字可能會有所不同）。在距離約 4.5 到 6 公尺處放置一條起始線。要求全部成員站在起始線的後面。

流程： 告訴學生：「你們是大型計算機程式的除錯專家，因此你們現在要去解決問題。你們要挑戰修復的計算機被安置在地上。要修復這台計算機並刪除錯誤的最佳方法是，依照順序從最小到最大去觸摸每一個數字。觸摸數字的速度越快，從程式中被刪除的錯誤數量就越多。你們會被計時看是否可以清除所有的錯誤。」簡單提醒學生

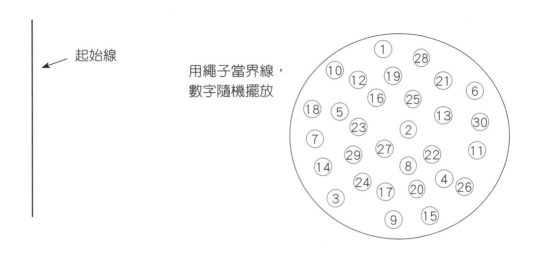

ABCDE 模式的決策過程（附錄 F）。

1. 發給學生「打孔器遊戲規則」（附錄 J），並給他們幾分鐘的時間閱讀規則。

2. 向學生解釋這項活動所面臨的挑戰是團隊要一起合作，並計算最快時間內能按順序去碰觸多少個指定的圓形標籤。每一輪活動前都會預留計畫的時間。

3. 第一輪後，設定一個讓學生挑戰的目標，例如：將時間減少四分之一、三分之一或是二分之一。

4. 遊戲將進行三輪，要確保學生在每一輪之間都有計畫。

安全檢查

踩踏在數字上時要小心，因為圓形標籤可能很滑，而且可能會滑動。

促進技巧

不可避免的學生會出現許多問題。嘗試將他們的問題重新引導到他們拿到的規則講義上。此外，可以讓學生提出三個問題，並強調大家需要在這些有疑惑的問題上達成一致的共識。

注意同一時間只能有一人在邊界內，以及是否有人未按順序去踩踏圓形標籤的情形。

把違規處罰的時間加進團隊總時間，每一個違規多加 5 秒。

三 總結：優點／改進（10 分鐘）

目標：回顧團體在玩「打孔器」遊戲時成功和遇到挑戰的情形。

設定：將團體成員兩兩配對。影印附錄 K 的「優點／改進工作表」，發給每位學生一張。

1. 要求學生個別找出兩個優點和兩個需改進的例子。

2. 在兩人小組中互相分享。

3. 如果時間允許，讓每一小組從優點和改進欄中，找出一個最好的例子與全班分享。

問題解決：
定義團隊合作

（ 活 動 ）

一、傳呼拉圈（10 分鐘）

二、移動的小舷窗（25 分鐘）

三、總結：乘客、船員、船長（10 分鐘）

（ 材 料 ）

• 呼拉圈（兩個）

一 傳呼拉圈（10 分鐘）

目標：在這挑戰身體協調的團體活動中，要盡可能快速有效的與時間賽
　　　跑。

設定：此活動可以在室內或室外完成。

　　　請團體圍成一個圓圈。解釋遊戲規則。把呼拉圈拿給一位成員，請
　　　他將呼拉圈套在手上，然後請所有團體成員手牽手形成一個封閉的
　　　圓圈，讓每個人把呼拉圈從傳給你的那人接力傳遞給隔壁下一個
　　　人。

流程：告訴學生：「在這團隊的挑戰中，我們在跟時間賽跑。仔細觀察其
　　　他人的技術，這樣我們就可以在這圓圈中找到最有效果和最有效率

的方式來傳遞呼拉圈。」

1. 我們面臨的挑戰是如何讓呼拉圈傳遍團體圍成的圓圈，而沒有任何團隊成員將手放開。

2. 當呼拉圈接力傳過團體一次時，接下來第二輪時就可以計時呼拉圈傳遞的速度有多快。

3. 第三輪時，嘗試照著相同的方法贏過第二輪的時間。

4. 變化：加入第二個呼拉圈。一個呼拉圈必須以順時針方式繞著圓圈接力傳遞，另一個必須以逆時針方式繞著團體的圓圈接力傳遞。

安全檢查

當緊握著手並迅速移動時，要注意手腕或肩部避免受傷。此外，有時候伸腿要穿過呼拉圈時可能會被絆倒。要移除某些會讓人受傷的危險物品，如桌子或椅子。

促進技巧

第一輪是一個基準，你可以選擇計時任一輪，並簡單的要求成員在兩輪之間設法改善。

❷ 移動的小舷窗（25 分鐘）

目標：要讓整個團體穿過呼拉圈。

設定：整理出一個開放的空間。

流程：告訴學生：「你們的任務是讓你們的團隊從小舷窗的這一邊穿過去另外一邊。」

1. 請兩名學生拿著呼拉圈，高度為 60 至 120 公分。其他的人都不能碰到呼拉圈，直到換拿著呼拉圈的其中一位學生要穿過去。這時候他們可以請一位替代者拿著呼拉圈。拿著呼拉圈的人可以上下移動來決定學生要穿越過去的高度。

2. 一旦學生穿過呼拉圈，他們不需要回來幫忙拿呼拉圈，但可以一直回到
   起點繼續遊戲。

安全檢查

提醒學生正確的對焦技術，並且在小舷窗的兩側都應該有觀察員。

不許用跳水或跳躍的姿勢。

如果參加者一直要用墊腳懸浮等不穩定的方式穿過去，那就必須適當
的提高和降低高度。

促進技巧

應該讓每位參與者選擇他（她）想要通過的方式，例如：先抬起腳，
再把膝蓋彎曲踏過去等。

三 總結：乘客、船員、船長（10 分鐘）

1. 讓學生反思之前的活動，並考慮是否覺得自己更像是一名旅客、船員或
   是船長。
2. 讓學生用多元、快速、簡短的爆米花式風格（譯註）報告，總結他們認為哪
   個角色最能描述自己，以及原因為何。

譯註：爆米花式（popcorn style）的討論策略：

　(1) 目的：盡可能多聽到一些不同的聲音，請每一個人對於某一個問題有一定的
　　　想法，然後邀請他們快速的接龍分享。一個接著一個，不同的想法接力下
　　　去。

　(2) 作法：請參與者圍成一個圈圈，當他有想法時，站起來快速的分享，之後坐
　　　下，每一個分享的內容都非常簡短，就像在爆爆米花一樣，玉米一直跳動
　　　般，快速簡短的分享。

LESSON
28
問題解決：
我（和其他成員）如何為
團隊做出貢獻

⚽ **活動**

一、三角鬼抓人（5 分鐘）

二、字母湯──斜背車（30 分鐘）

三、總結：井字遊戲（10 分鐘）

✍ **材料**

• 字母湯工具組（Project Adventure 發行）

• 圍出邊界的繩子

• 寫有井字遊戲的白板或掛圖紙

● 三角鬼抓人（5 分鐘）

目標：以活力十足的團體鬼抓人遊戲來進行熱身。

設定：選擇一個開放空間。請學生四人一組。

流程：告訴學生：「這是一個快速的熱身遊戲，焦點在你如何支援其他同學。」

1. 每一組四人，其中的三人互相握住彼此的手臂形成一個三角形。請第四個人當「鬼」。

2. 指定圍成三角形的三人中哪一個人要被鬼抓，剩下的兩個人是那個人的保護者。

3. 當遊戲開始時，當鬼的人要繞過三角形中的其他兩人去抓那個被指定的人。組成三角形的人可以用跳舞和律動的方式來阻擋鬼，以免被保護的人被抓。

4. 當鬼的人不能故意分開其他人的手，或是從三角形的上面或下面穿越過去抓人。

5. 每次成功抓到人後，或每隔 60 秒左右就轉換角色。這場遊戲是一個有氧的運動！

安全檢查

小心注意，不要讓當鬼的人太過興奮。這是一個快節奏的遊戲，需要一個開放的區域。

促進技巧

較理想的地點是體育館或操場，以免發生危險。

● 字母湯──斜背車（**30** 分鐘）

目標：反思自己對於團隊成功的貢獻。

設定：規畫出三個區域，如下圖所示：

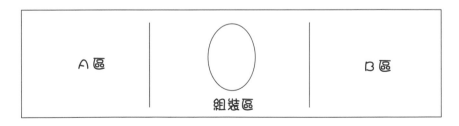

- 從 A 區和 B 區到組裝區的距離大約 1.5 到 3 公尺左右。
- 將所有巧拼板（上面的圖案花樣已經被移除）放在 A 區。

• 將所有要拼接的字母和數字放在 B 區。

流程：告訴學生：「有時候生活會變得很複雜，我需要停下來並思考如何為團隊做出貢獻。有時為了支援我們的團隊，甚至要去承擔不同的角色。讓我們用這個巧拼板難題來反思我們的角色和我們對團隊的貢獻。」

1. 任務有很多種變化，但都要求要將巧拼板上面的圖案花樣，組裝回「正確」的位置，然後再將巧拼板按特定的順序組裝。基本的組裝架構如下（至於其他部分，請參閱「促進技巧」部分）：

先按字母順序排列好巧拼板，然後再依數字順序排列數字。巧拼板最後要排成三列：字母 A ～ M（13 個巧拼板），字母 N ～ Z（13 個巧拼板）和數字 0 至 9（10 個巧拼板）。

2. 將學生分成兩個相對平等的角色：

• 「組裝者」必須一直待在組裝區，以便按照特定的模組將字母和數字拼裝進巧拼板當中。

• 「資源管理者」可以將巧拼板從 A 區和 B 區來回移動到組裝區，但不能進入組裝區。

3. 當計時開始，資源管理者會將字母、數字和圖案花樣帶到組裝區。資源管理者一次只能攜帶一件，以免受到與工作相關的傷害和避免組裝者被塞滿的巧拼板干擾。如果資源管理者攜帶一個以上的物品，他（她）必須將這些物品帶回到起始區域並暫停 30 秒。

4. 資源管理者可以將他們攜帶的物品放入組裝區，但他們不能幫忙組裝或進入組裝區。如果發生任何違規行為，則必須暫停操作 10 秒。

5. 不論何時，組裝者不能超出組裝區。一旦手臂、腿或任何身體部位超出界線時，要停止工作 10 秒。

6. 當巧拼板組成最後的形狀時——如果應保持分離的部分仍然相互接觸，則要從組裝區拿走四塊還沒使用的組件送回到 A 區或 B 區（放回去哪裡

取決於它們是圖案花樣或是巧拼板）。

7. 給每一小組 5 分鐘左右來計畫和釐清遊戲規則。

8. 開始動作並計時。

9. 工作完成後，讓學生知道他們按時完成工作有多棒。

促進技巧

　　此活動的困難或挑戰程度可能會完全依據最終組裝的結果而有戲劇性的變化。了解你的團體並選擇符合成員技能和能力的挑戰方式。其他拼裝巧拼板的變化活動包括：

- 將字母和數字的巧拼板隨意擺放，有的正面朝上，有的上下顛倒。
- 所有巧拼板擺放時沒有刻意的關聯型態，而是把所有的字母和數字混合組裝在一起。
- 巧拼板擺放時故意把字母和數字的順序相反。

❖ 可使用的問句：

- 維持「組裝者」和「資源管理者」的團隊型態。
- 請他們討論並向團體報告他們對以下問題的看法：
  - 當你是個＿＿＿＿（組裝者或資源管理者），你最喜歡的部分是什麼？
  - 身為＿＿＿＿（組裝者或資源管理者），什麼會令你感到挫折？
  - 你覺得你的團隊表現好嗎？
  - 你覺得你們可以怎麼改進？
  - 整體而言，你覺得更大的團隊要如何做到這些？
  - 在群體中人們是否有特定的角色需要扮演？如果是，那是什麼？
  - 我們在團隊或課堂上有哪些角色和責任，可以幫助我們獲得成功和實現目標？
- 給學生 5 到 10 分鐘，然後向團體報告。

三 總結：井字遊戲（10 分鐘）

設定：如下圖，在白板或掛圖紙上畫出井字遊戲。

向人求助	真誠傾聽他人	嘗試新方法
分享我的觀點	腦力激盪	再嘗試一遍
離開舒適區	學習新事物	支援其他人

流程：告訴學生：「兩人一組，請從這些事件中選擇可以任意連成一直線的三件事加以討論。舉例來說，你選擇中間從上到下的那一排，可以分享一下今天你在哪裡傾聽了某人說話（說說內容）、腦力激盪一下（你貢獻了什麼？），以及你學到的新東西（是什麼？）。」

1. 讓學生配對分組去反思討論井字遊戲的過程。
2. 當討論時間過了一半的時候，提醒學生（大約兩分鐘），以便讓每位學生都有分享的時間。

溝通：
有效的溝通

⚽ 活動

一、背對背畫畫（5 分鐘）

二、搭橋（35 分鐘）

三、總結：頭條新聞記者（5 分鐘）

✎ 材料

- 「背對背畫畫」的範例圖（影印自附錄 L），每個兩人小組一份

- 白紙（每位學生一張）

- 各種顏色的筆和麥克筆

- 搭建橋樑的材料。舉例：材料可以是 6 個紙杯、10 根吸管、遮蔽膠帶、12 個小型樂高積木、6 個大型樂高積木、A4 大小的紙板或厚卡紙（4 張），以及一個在活動結束後測試橋樑用的玩具車。

❶ 背對背畫畫（5 分鐘）

目標：這個活動有助於教導學生清晰且直接溝通的重要性。

設定：發給每個兩人小組一份「背對背畫畫」的範例圖（附錄 L），以及書寫用具和白紙。請注意範例圖有兩頁，要用在兩輪的練習。

流程：告訴學生：「這個活動有助於凸顯明確溝通的重要性。每個兩人小

組，你們要試著重新畫出夥伴對你描述的圖畫內容。」

❖ 第一輪

1. 將團體分成兩人一組，讓夥伴彼此背靠背坐著。

2. 在第一輪，給每組的其中一人一張範例圖，並給另一人一張白紙和書寫用具。

3. 讓拿圖案的人對夥伴下指令，描述如何重新畫出這個圖案。

4. 畫圖的夥伴不能問問題。

5. 一旦他們覺得畫好了，讓他們和原始的範例圖比較。

❖ 第二輪

6. 讓夥伴交換任務，第一輪拿圖案的人換成拿白紙和書寫用具，而原本拿白紙的人換拿新的範例圖。使用第二輪的範例圖。再一次，讓兩人小組互相背靠背坐著。

7. 請拿圖案的人指示他（她）的夥伴如何畫，但這次畫圖的人可以提問。

促進技巧

用單面的方式印出要畫的圖案，這樣才不會被第二輪要畫的人先看到。

搭橋（35分鐘）

目標：只能使用提供的材料，每隊必須建造完成一半的橋樑。

設定：將全班分成兩隊。設定兩個彼此分開的工作區域，每一隊將在這些區域內進行建造工作。另外還需要設立第三個中立區域，作為協調會議的空間。建造材料要平均分配，每一隊要擁有完全相同的資源。

流程：告訴學生：「只能使用提供的材料，每一隊必須建造一座橋樑的一半。當這座橋的兩半部組合在一起時，必須要能接合在一起並且看

起來盡可能相同。這項活動的挑戰在於兩個小隊必須各自完成大部分的設計和建造工作，且彼此之間只能進行有限的溝通。」

1. 必須使用所有的材料，並在最後的成品中清楚看見這些材料。
2. 當完成並組合在一起時，橋的兩半部必須在中間接合起來，而且看起來相同。
3. 活動的時間架構如下：
   - 5 分鐘——確認設計材料和腦力激盪可能的設計。
   - 3 分鐘——協調會議（一）。
   - 5 分鐘——建造階段。
   - 3 分鐘——協調會議（二）。
   - 5 分鐘——建造階段。
   - 3 分鐘——協調會議（三）。
   - 5 分鐘——最後的建造階段。
   - 揭幕——把橋的兩半部結合起來。

促進技巧

❖ 協調會議：

- 兩隊的溝通只能在協調會議期間進行。協調會議階段每隊派出一人當代表。每次協調會議時須選出一位新的小隊代表。
- 活動過程中有三次協調會議，每一次，各小隊要派一個代表。代表們的任務是溝通目前橋樑建造的狀態，並協調任何必要的修改，以確保兩隊建造的最後結果符合規定。
- 協調會議期間不得攜帶或製作建造的材料。
- 協調時不能攜帶寫好的筆記，也不能寫任何的文字註記。

❸ 總結：頭條新聞記者（5 分鐘）

1. 請學生想像他們需要為學校或當地報紙寫一篇文章作為今晚的回家作業。這篇文章要講述今天的課程以及如何與他人成為團隊一起工作。
2. 在他們離開小組之前，請他們分享他們文章的標題是什麼。
3. 如果學生想要先跳過，那就最後的時候再問他們。

問題解決：
展現團隊精神

⚽ 活動

一、防水布拋接（10 分鐘）

二、展開新的一頁（25 分鐘）

三、總結：同心圓（10 分鐘）

✎ 材料

- 小防水布（兩塊）

- 橡膠雞／豬和其他可拋丟的物品（準備多種給每一小組）

- 遮蔽膠帶

一 防水布拋接（10 分鐘）

目標：運用小組合作和使用防水布把一個物品丟出去，然後用另一個防水
布去接住那個物品。

設定：選一個室外空間或天花板很高的房間（如體育館）。將學生分成兩
組，每組給一個小防水布。

流程：告訴學生：「我們將測驗每個小組的協調程度！我會給你們一連串
的指令，每個小組都必須執行。」

1. 每組開始時用自己的橡膠豬／雞或毛絨動物。讓團隊成員練習使用防水布拋擲和接住自己拋擲的項目。每個人從頭到尾都必須有一隻手拉著防水布。所有拋接動作都要用防水布完成。
2. 讓每一組表現出最高的拋接效果。
3. 讓每一組展現最多能連續拋接的次數。
4. 每一組都要挑戰將他們的物品拋擲給另一組，以及從另一組接住物品。如果可以的話，記錄每組成功投擲和接住物品的分數。

安全檢查

使用較輕和柔軟的物體，這樣萬一擊中人才不會造成傷害。

⬤ 二 展開新的一頁（25 分鐘）

目標：站在防水布上同時翻轉防水布，而不讓任何成員踏出防水布。

設定：在平坦的地面上設置防水布，防水布周圍沒有障礙物，以防有人失去平衡時撞傷。

流程：告訴學生：「在這個挑戰中，我們必須在團隊合作時跳脫傳統思考。我們需要每個人的幫助以完成這項任務。」

1. 要求每位學生反思他們在接下來的 SELA 課程中想要達成的個人工作目標，並在一段遮蔽膠帶上寫下這個目標。
2. 學生可以在防水布上黏貼他們的目標並閱讀其他學生的目標。
3. 請學生對他們閱讀的內容發表意見。
4. 翻轉防水布讓貼有目標的那一面朝著地板，而空白的一面朝上。
5. 讓所有學生站在防水布上。
6. 告訴學生：「在活動的任何時間點，你們都不能踏出防水布或觸碰防水布周圍的地面。」
7. 當防水布慢慢的完全翻轉過來時，活動完成，此時貼有目標的那一面朝上且在翻轉的任何時候都沒有人踏出去。

8. 如果有學生離開防水布，要求他們對此負責並設定自然後果（指行為本身所導致的自然結果，如：不吃飯就會肚子餓，天冷不穿衣就會冷）。

安全檢查

　　請小心防水布可能很滑──尤其要留意防水布下的地面狀況（例如：打蠟的地板）。

三 總結：同心圓（10 分鐘）

設定：所有團體成員圍成一個大圓圈，然後指定從某個人開始，每隔一人就往圓的中心前進一步圍成一個內圓。請內圓的人轉過來面向外圓對齊，調整後每人只能面對一人。選擇一個適合的位置站定當帶領者，以便團體成員可以輕易的聽到和看到你。

1. 告訴團體成員他們將和幾個不同的合作夥伴進行一系列的 30 秒對話，討論一些與當天活動有關的不同問題。
2. 建立一種重新凝聚團體注意力的方法；敲鐘和「如果你聽到我的聲音，就拍手一次！」就是兩種有效的技巧。
3. 提出第一個問題並提醒學生，兩人小組的每個人都有 30 秒的回應時間，因此兩人總共有 1 分鐘。
4. 請團體成員注意，並指示其中一個圓圈保持靜止，而另一圈朝指定方向和人數轉換，例如：「外圈，向右轉換兩個人。」
5. 使用相同或不同的問題重複此過程。完成後，再做一次轉動以便將團體成員再次混合配對。
6. 活動再繼續進行幾輪。
7. 問題的實例包括：

- 我們的團隊運作得如何？你今天看到了什麼支持你的想法？
- 你覺得自己能否全心全意為團隊做出貢獻？為什麼能或為什麼不能？
- 有什麼可以幫助你的團隊改進團隊合作的技巧？

- 有什麼事情是在團隊合作中學到的而可以應用在課堂之外？
- 關於挑戰解決問題，你喜歡什麼？
- 對於挑戰解決問題，有什麼困難之處？

LESSON 31　問題解決：做決策

 活動

一、小組鬼抓人（10 分鐘）

二、解開我的結（30 分鐘）

三、總結：傳遞繩結（5 分鐘）

材料

- 纏繞成圓圈的長繩

- 每組四名學生用一個羊毛球。每個球的顏色都要不同（紅色、綠色、藍色等）

➊ 小組鬼抓人（10 分鐘）

目標：當其他組至少還有一個成員在進行遊戲，就要去抓那個小組的人。

設定：使用無障礙的空間，如籃球場的一半或有特定邊界的場地。

流程：告訴學生：「讓領導者看到全局是非常重要的。當我們專注於自己需要做的小任務時，我們需要領導者幫助我們看到全局。」

1. 將學生分成四人一組。

2. 每一組發給不同顏色的羊毛球（分別代表藍隊、紅隊、綠隊等）。

3. 向每一組解釋他們可以去抓自己隊友以外的任何人。

4. 在這個遊戲版本中，如果有人被抓到，他們會停在原地，但如果代表他們顏色的羊毛球扔給他們，他們就可以回到遊戲中。

5. 如果拿著球的成員被抓到，他（她）就要將球扔給同隊的隊友，然後在球扔回給他（她）後才能重回遊戲中。

6. 遊戲成員不能干擾其他隊伍的羊毛球。

7. 多玩幾輪時，允許兩輪間有簡短的討論計畫時間。

促進技巧

無特別說明。

⚋ 解開我的結（30 分鐘）

目標：先把長繩盤繞纏結，然後以團隊合作的方式一起解開，最後會變成一個大圓圈。

設定：在教室內清理出一個大型的開放空間。將長繩環繞打結成一個封閉的圓圈（平結也可）。繩索鬆散的糾結纏繞，讓**大圈的**幾個繩結彼此稍微分開。

流程：告訴學生：「你是否曾經覺得自己陷入困境？或者遇到特定問題或不清楚該怎麼做決定的情況？現在在團體中你們遇到一個問題需要解決。」

1. 指導學生圍成一個圓圈站著，將纏繞打結的繩子放在圓圈的中心。

2. 請學生蹲下並將一隻手伸長去抓著自己站立位置前面的繩子。

3. 接著，請學生站起來輕輕拉緊繩子。繩子將變成一個大「繩結」的狀態。

4. 告訴學生，活動的目的是要解開繩結而不能讓手離開繩子。當繩子解開成一個大圓圈時，任務就算完成。

安全檢查

特別注意自身和他人的安全，以免手腕和肩膀扭傷，以及有人快速拉繩子造成繩索磨傷人的情形。

促進技巧

如果全班進行很長一段時間（10 到 15 分鐘）後仍不成功，允許他們休息，然後「重打」一個他們都能接受的結，並重新嘗試解開。成功的嘗試後會解開成一個大圓圈。保持繩子繫成一個大圓圈，以便進行下一個活動，要求學生繼續抓握著它。

三 總結：傳遞繩結（5 分鐘）

目標： 反思幫助／阻礙團體去解決眼前問題的行為。

設定： 如果上一個活動中已解開繩子，將繩子的兩端重新打結成一個圓圈。使用任何可以抓握著的結（平結的效果會很好）。讓團體成員站著或坐著圍成一圈，並輕輕抓握著打結的繩圈。

流程： 告訴學生：「當繩結傳遞給你時，請分享一個遇到問題時主動幫助團體解決的行為，和一個阻礙團體主動解決問題能力的行為。一旦你分享結束，把繩結傳遞給你左邊的人。」

1. 讓學生分享上述問題的回答，完成分享後把繩結傳遞下去。
2. 如果學生想要先跳過，你可以最後再問他們。

安全檢查

不要讓學生拉住繩子或牢牢抓緊繩子，因為他們可能會被繩索磨傷。

LESSON 32 問題解決：競爭與合作

⚽ 活動

一、拇指摔跤（5 分鐘）

二、搶奪巢穴／分享財富（30 分鐘）

三、總結：迅速找到圓圈圈（10 分鐘）

✎ 材料

* 五個呼拉圈

* 羊毛球或是其他可拋擲的物品，約 20 個

➊ 拇指摔跤（5 分鐘）

目標： 在每輪 1 分鐘的遊戲中盡量得分。

設定： 要求參與成員和鄰近的成員兩兩一組。

流程： 告訴學生：「這是一項都在得分的活動！你的目標是在 60 秒的遊戲中盡可能得分。你正在與其他兩人小組競爭。」

1. 向團體解釋他們要和他們的夥伴用大拇指搏鬥，並徵求志願者幫你示範拇指摔跤的動作。清楚的告訴他們，目標就是在 60 秒的比賽中「盡可能的得分」。

2. 當你說「開始」時學生就開始，當你說「停」時就應該停止。

3. 後面幾輪可以比較看看不同時間的效果（但無論是 60、30 或 90 秒，這都不重要，最重要的是時間要短）。

4. 只要對手的拇指被你壓住，即使是很短的時間，都算得分。

5. 學生們要記得記錄他們的分數。

6. 第一輪結束後，詢問學生他們得到多少分。鼓勵他們在第二輪時挑戰得到更多的分數。

7. 進行第二輪（第三或第四輪）的拇指摔跤，直到他們可以開始認定這是個合作的活動，而不是競爭的活動。

8. 在幾輪的活動之間四處走動並分享他們得到的分數，這樣學生就可以聽到一些兩人小組是否開始合作。

安全檢查

　　小心手腕和手指；避免極端扭曲或彎曲的動作。

促進技巧

　　如果沒有人建立合作的關係，嘗試用詢問的方式提醒他們，活動的目標是什麼。詢問他們是否正在完成這一個目標。

　　花點時間詢問每一個兩人小組的分數是多少。一般來說，他們都會回答「2 比 0」或「3 比 1」。告訴他們會有另一輪，他們的目標是至少讓分數加倍。這可以幫助他們從競爭轉換到合作的階段。

❖ 可使用的問句：

- 這個活動的目標是什麼？
- 為什麼你們第一輪的得分這麼低？
- 為什麼你們的目標與前幾輪的嘗試都沒有出現關聯？

㊁ 搶奪巢穴／分享財富（30 分鐘）

目標： 快速蒐集或處理可拋擲的物品。

設定： 設置五個呼拉圈，在活動場地的每個角落各放一個，剩下的一個放在場地的中央。活動場地長寬約 7.5 公尺。在場地中央的呼拉圈內放置 20 個羊毛球或其他可拋擲的物品。將團體成員分為四個人數相等的小組，請每一小組站在角落的呼拉圈旁邊。

流程： 告訴學生：「每一小組代表了城鎮內不同的社區。每一個社區都希望蒐集他們所需要的資源，以便擁有一個安全又有趣的居住環境。」

1. 告訴學生，活動的目標是看哪一組先將五件物品放入呼拉圈（巢穴）中。

2. 每一組的成員必須在每輪開始時，把他們的一隻腳放在呼拉圈內。

3. 每一組的呼拉圈必須讓人可以進入，不能移動或阻礙呼拉圈。

4. 每一次只能有一個人離開小組的巢穴。

5. 一次只能取走一項物品放到自己的巢穴。可以從中央的呼拉圈或任何其他小組的巢中取走物品。

6. 一旦有小組將五件物品送到他們的巢穴，他們要舉起手來大喊：「我們贏了！我們贏了！」

7. 在第一輪開始前和每一輪活動之間，給每一小組幾分鐘的時間計畫和修改他們的策略。

8. 在玩了幾輪之後，將遊戲規則更改為「分享財富」的變化類型。規則是：每一組開始時有五件物品；小組的目標是成為第一個清空巢穴的隊伍；有關攜帶物品的規則及離開巢穴的人數和「搶奪巢穴」的規則一樣。

9. 考慮在遊戲的不同時刻停止行動，與團體一同檢視 ABCDE 模式。每一

個小組派遣一位代表一起召開會議相互交流。

安全檢查

確保活動場地內沒有任何障礙物。

提醒學生尊重每一個人，保持彼此的安全！

促進技巧

改變物品的數量會影響結果。增加呼拉圈之間的距離也會改變與此活動有關的移動量。

❖ 可使用的問句：

- 在這次活動中出現什麼衝突？
- 讓小組解決一些衝突；他們可以取得雙贏的解決方案嗎？

三 總結：迅速找到圓圈圈（10 分鐘）

1. 使用前一個活動的五個呼拉圈，讓學生平均分散在呼拉圈中。如果他們要把一隻腳放在裡面和一隻腳放在外面，也是可以的。

2. 讓學生知道我們將會玩之前曾經玩過「你曾經……？」的修改版本。和過去不同的是，我們有五個呼拉圈，而不是每人站在一個點。

3. 當你在描述內容時，如果學生覺得針對他們經歷的描述是正確的，就走到另一個呼拉圈。

4. 有一點非常重要，就是要強調這是一項競走活動。

5. 提醒學生不能把其他同學推出呼拉圈。他們必須冷靜的找到一個新的呼拉圈。

6. 描述的範例包含：

- 我今天學到一些與合作有關的新知識。
- 我立刻就知道如何在拇指摔跤中獲得高分。
- 我喜歡「搶奪巢穴」版本的遊戲。

- 我更喜歡「分享財富」版本的遊戲。
- 我需要更多的練習來好好實踐合作的活動。
- 我認為合作比競爭更困難。

LESSON 33

問題解決：
效率和效果

（活動）

一、進化（5 分鐘）

二、有毒的廢料（30 分鐘）

三、總結：毛根雕塑（10 分鐘）

（材料）

* 有毒的廢料工具組
* 每位學生三到四根毛根

● 進化（5 分鐘）

目標： 讓每個人在遊戲過程中經過幾個層次的進化成為最高尚的人。

設定： 讓學生圍成一圈。

流程： 告訴學生：「還記得剪刀石頭布的遊戲嗎？」（如有必要，請複習第 14 課的內容。）「在這個遊戲中，我們將使用剪刀石頭布來幫助彼此從小雞蛋進化成為最高尚的人！」

1. 遊戲中的角色有：

* 雞蛋──學生們蹲下來搖搖擺擺的四處行走。

- 雞——學生把手放在腋窩下，拍打「翅膀」，發出雞叫聲。
- 恐龍——學生將雙手高舉過頭，發出咆哮的聲音。
- 最高尚的人——團體成員可以創造自己的動作和特徵（或參見「促進技巧」）。

2. 每個人都從雞蛋開始。雞蛋會搖搖擺擺的接近其他雞蛋，然後玩一把剪刀石頭布的遊戲。

3. 贏得那一輪剪刀石頭布的成員，都會進化到下一個角色。例如：獲勝的「蛋」會變成為「雞」。

4. 接著雞會尋找其他的雞一起玩剪刀石頭布的遊戲。

5. 只有同等的角色才可以一起玩剪刀石頭布。但唯一例外是最高尚的人。

6. 一旦學生進化到最高尚的人，他們可以接近任何級別的角色，並和他們玩一把剪刀石頭布。無論猜拳的結果如何，最高尚的人都會維持他的角色，但如果較低層的角色獲勝，那個角色就會進化。

7. 最高尚的人要注意那些進化程度較少的人，以便幫助所有成員成為最高尚的人。

8. 一旦每個人都完全進化成最高尚的人，活動就結束。

安全檢查

膝蓋有問題的學生在像雞蛋蜷縮在一起時可能會感覺不舒服。允許他們以不同的姿勢站著。

促進技巧

最高尚的人的動作可以輕鬆有趣。選擇戴安娜·羅斯（Diana Ross，至上女聲三重唱主唱）的動作作為最高尚的人可能會引人咯咯發笑；做這個動作時可以一邊唱出那首 Stop! In the Name of Love 的歌詞。遊戲可以用全班一起演唱歌曲作為結束。

這個遊戲太好笑要寶！相信一旦你開始玩，學生們就會進入遊戲狀態。根據參與者的準備情況變化逗趣要寶的程度。

🔴 **有毒的廢料（30 分鐘）**

目標：以團體合作方式，將一罐有毒的廢料運出輻射區，並將它清空倒進可以中和輻射反應的桶子中。

設定：用繩子在地面上圍出一個直徑至少為 2 公尺的圓圈，代表是放有毒廢料的輻射區。用桶子裝滿彩色球（有毒的廢料）並將它放在輻射區的中心。將可以中和輻射反應的桶子放在教室的另一邊。搬動桌椅設置成運輸路徑上的障礙物。給學生剩餘的材料去製造「有毒的廢料運輸系統」。

流程：告訴學生：「整個團隊的挑戰是要將有毒的廢料從小藍桶運送到紅色的桶子中，在那裡輻射的反應會被『中和』。如果廢料沒有被中和，那麼 25 分鐘後就會炸毀並摧毀世界。只能使用提供的設備。你必須將傳輸系統全部連接上，系統才能運作。繩子圍成一圈的區域是指罐子散發出有毒的廢料輻射區，沒人可以進入輻射區。在運輸過程中，每個人都必須與有毒的廢料保持一樣的距離。太靠近有毒的廢料會導致嚴重的傷害，例如失去手腳或視力。假如你選擇接受此項任務，你的目標就是拯救世界，進行任務的同時不能讓任何團隊成員受到傷害。在 20 分鐘倒數計時開始之前，會有一個強制性 5 分鐘的計畫和練習時間。」

1. 如果有人違規進入圓圈所代表的輻射區，請執行適當的處罰。可能包括失去雙手（將手背在後面）或視力喪失（閉著眼睛），並在接下來的活動時間中一直維持。

2. 如果學生與運輸系統失去接觸或者在運輸過程中距離有毒的廢料太近，也可能會受到處罰。

3. 團隊必須進行 5 分鐘的規畫才能開始，計時開始後就是採取行動的時間（20 分鐘）。

安全檢查

學生在使用橡皮筋或彈力繩時應小心注意，避免任何搶奪。

促進技巧

解決方案包括坐下來用軟繩拉橡皮筋或彈力繩去抓緊有毒的廢料桶。然後，當學生溝通協調良好並小心專注拉著他們的繩索，就能將有毒的廢料桶提高，移動並傾倒到可以中和輻射反應的空桶子中。如果團隊完全洩漏了有毒的廢料，就把災難性的失敗小題大作（如每個人都會死），請他們討論哪裡出錯了以及如何才能做得更好，然後將容器重新裝滿再讓他們重來一次。**不要重新計時**──而是繼續用團隊所剩下的時間。

三 總結：毛根雕塑（10 分鐘）

1. 遞給每一人三到四根毛根。
2. 請學生雕塑他們認為在課程中，小組合作最有效果的畫面。
3. 繞著團體四處看看，請學生描述上述的這個畫面並展示他們的雕塑作品。如果他們沒有完成自己的雕塑作品，可以先跳過，最後再問他們。

目標設定：長期目標

⚽ 活動

一、變形鬼抓人（5 分鐘）

二、尋找出路（30 分鐘）

三、總結：小組問題（10 分鐘）

✏️ 材料

- 30 個圓形標籤（使用打孔器組合的材料）
- 麥克筆
- 遮蔽膠帶
- 方格紙（可選擇性使用）

一 變形鬼抓人（5 分鐘）

目標：暖身並思考為何變化來得如此快速。

設定：清出一個可讓學生四處奔跑的大空間。

流程：在這場競賽中，參與遊戲者需要經常更換小組，切斷和一邊的聯繫，然後加入他們對手的陣營。

1. 對團體說明這個遊戲會使用到兩個姿勢：將一隻手放在頭頂上，或是將

一隻手放在臀部。要求每個人選擇一個身體姿勢，但告訴他們先不要急著做動作。每人空的另一隻手將作為「保險槓」和「抓人的手」。

2. 向大家解釋，只要所有人都準備好，你就會開始進行遊戲，當喊出「變換！」時，每位玩家都會做出自己所選的姿勢。那些手放在頭上的人要試圖去抓那些手貼在臀部的人，反過來也一樣。一旦被抓到，玩家就要變換姿勢並開始嘗試去抓自己的前隊友。

3. 遊戲持續到每個人都在同一組，而且已經無人可抓為止。

4. 如果大家覺得有趣且時間許可的情況下，可以重複競賽，並請成員盡量變換他們在每場遊戲一開始的姿勢。

安全檢查

提醒班級成員什麼是適當的抓人方式（溫柔碰觸，只能抓肩膀或以下的地方）。

促進技巧

針對狹小的空間，可以設置邊界來界定安全的遊戲空間，或者只允許用競走的方式進行。

● 尋找出路（30 分鐘）

目標：為了導航出一條路徑，運用團隊合作和記憶來找到終點。

設定：準備圓形標籤並用遮蔽膠帶在有數字的那一面畫個 ×，代表這個圓形標籤不是遊戲要經過的路徑。布置時先擺出需要的數字圓形標籤（如果是從打孔器組合取得的圓形標籤），或是用膠帶在圓形標籤上面編出要的號碼，如下頁圖所示。你要創造出「我想要的生活路徑」讓你的學生可以跟隨。為了幫助你創造此路徑，請先把它畫在一張紙上（方格紙更好），並設計一條要使用到 30 個圓形標籤的路徑，遊戲從一側入口開始，結束在另一側的出口。先不要與你的學生分享這個路徑！用 5×6 的方格將你要走的路徑先排列出來，然

後把編號或 × 的那一面朝下。移動時可以向前面、旁邊或後面移
動，但不可以走對角線或跳過一行。你在移動時創造的方法越多，
活動就會越困難。

1	2	×	16	17	18
×	3	4	15	14	×
×	6	5	×	13	×
×	7	×	11	12	×
×	8	9	10	×	×

入口 → （左）　出口 → （右）

流程：告訴學生：「你如何知道生命的正確路徑是什麼？你如何決定長期
　　　　目標？讓我們看看作為一個團隊，我們如何在這場比賽中互相幫忙
　　　　而找到正確的路徑。」

1. 告訴團隊成員，這項活動的挑戰在於如何找到正確的路徑。這是藉由發
　現預先設定好的步驟來實現，以便讓人可以從入口移動到出口。

2. 為此，他們要選擇一個圓形標籤把它翻過來，然後讀出數字決定這個數
　字是否正確。如果正確（只能是序列中的下一個數字——如果 4 是最後
　一個被翻出來的，那麼 5 將是下個正確的數字）。重複這樣的過程，然
　後一步一步走到另一個相鄰的點。如果他們做了錯誤的決定，他們就必
　須退出這個路徑。

3. 只有到了正確的位置才能繼續翻開數字。所有錯誤的決定都會導致錯誤
　的數字順序，在退出路徑之前，被翻開的圓形標籤要再蓋回去（提示：
　如果學生能夠記住他們已經看過的數字，就能防止接下來的錯誤，並有

助於正確翻出數字，就好像童年的記憶遊戲一樣）。

4. 一次只允許一人進入路徑。如果他們做出正確的決定，他們可以繼續。

5. 路徑上的人只能前進、後退或往旁邊。不能跳過任何一行或是採用對角線移動。

6. 活動流程與規則介紹完後，團隊成員可在路徑周圍的任何地方用自己的方式標定位置，以協助路徑上的人觀察如何繼續。但不允許用口頭或書面的方式與路徑上的人進行溝通。只可以使用非語言的溝通。

7. 不可以碰觸到路徑上的人。

8. 團隊成員將輪流遊戲，因此玩完後要再排到隊伍的後面。

9. 當團隊有一人能夠一路通過這條路徑時，活動結束。

促進技巧

❖ 可使用的問句：

即使你因選擇錯誤而退回去了，你是如何嘗試找到解決的方法？

🈺 總結：小組問題（10 分鐘）

要求學生三人一組討論以下內容：

「今天的主題是關於適應新狀況和練習在當下做出最好的選擇。在你課堂外的生活中，如何能做到這點？你用哪些技巧讓你留在路徑上？往後你可以如何在學校中使用這些技能？」

問題解決：
最後的團體挑戰

⚽ 活 動

一、高空墜蛋（30 分鐘）

二、總結：全方位價值契約（15 分鐘）

✎ 材 料

- 吸管（每組 20 根，一組四到六名學生）
- 遮蔽膠帶（每組約 90 公分）
- 雞蛋（每組一個）
- 垃圾袋、紙巾和清理用的垃圾桶
- 掛圖紙
- 麥克筆
- 全方位價值契約

● 高空墜蛋（30 分鐘）

目標：小組挑戰。

設定：打開垃圾袋並將其黏貼在開放空間的地板上（學生們要從約 180 公
分高的地方讓被保護好的雞蛋往下墜落到鋪開的垃圾袋裡）。你可
以在垃圾袋旁放一把椅子讓學生可以站在上面讓雞蛋往下墜落。

流程：告訴學生：「我們最後的挑戰是要運用創造力、跳出框架思考、溝通技巧以及一種友善的競爭。」

1. 將團體分成四至六人的小組。

2. 發給每組一顆雞蛋、約 90 公分的膠帶、20 根吸管，以及掛圖紙和麥克筆。

3. 對學生解釋這項挑戰的目標是要替雞蛋建造一個保護容器，以避免雞蛋從 180 公分高的地方墜落時摔破。

4. 告訴學生，無論如何蛋都必須放在容器內（吸管不能放在地板當作雞蛋墜落到地上時的巢穴），並且要能承受從 180 公分高的地方墜落。

5. 接著解釋第二部分的挑戰是要替容器取一個名字，並創作一支一到兩分鐘的商業廣告，讓每個人都知道他們的容器為什麼是最好的、最有保護力和最有效的支持系統。他們可以製作廣告海報或在整個團體前演出廣告。

6. 告訴每一組，他們有 20 到 30 分鐘的時間去發展保護的容器和商業廣告。每個團隊在雞蛋墜落前都會展示一到兩分鐘的廣告。

7. 在指定的工作時間結束後，集合每一小組成為大團體。讓學生靠近雞蛋墜落處（椅子／垃圾袋等），以馬蹄形的方式坐在地板，這樣就可以形成一個舞台。

8. 讓第一組展示他們的廣告並讓他們的雞蛋墜落。每一組都要派出一名代表將團隊的雞蛋從大約 180 公分高的地方往下墜。

促進技巧

偶爾會有雞蛋打破，把它當作討論的契機和嘗試錯誤的機會。

❖ 可使用的問句：

在這次活動中，有什麼事情讓你感到驚訝，原因是什麼？

⚫ 總結：全方位價值契約（15分鐘）

1. 找出團體的「全方位價值契約」。

2. 讓學生兩人一組並討論他們認為團體在 SELA 課程開始至今，哪些是全方位價值契約進步最多的部分。此外讓每組成員討論他們自認為最需要改善的地方。

3. 把團體重新集合，並要求每組報告討論的內容。

LESSON 36　結束：學期回顧與慶祝亮點

⚽ 活動

一、工具包（20 分鐘）

二、暖暖的回憶（15 分鐘）

三、給自己的信（10 分鐘）

✍ 材料

* 白紙
* 信封（每位學生一個）
* 各色的筆和麥克筆

● 一 工具包（20 分鐘）

目標：確定學生透過 SELA 課程學到了具體技能和知識，並且可以將這些知識、技能轉化到他們未來的學習中。

設定：讓學生三到四人一組。傳下白紙和書寫用具。

流程：告訴學生：「今年我們一起完成了很多學習任務。經過一些小組的反思和討論，你們要為自己製作一個工具包。這個工具包囊括了你學到的重要概念、課程與技能，能幫助你未來的學習。」

1. 請小組討論在 SELA 課程中獲得的主要技巧、概念和其他學習。

2. 每個小組應該開發一個工具包，內容包括代表這些關鍵技能、概念等隱喻的工具（四到六種不同的工具）。給學生一些例子，像是：「其中一個工具可能是一個巨大的橡皮擦，因為我們了解到創造性有時意味著要改變你向來做某事的方式。」或者「另一個工具可能是樓梯，因為在團隊工作中，每個禮拜我們都前進一小步。」

3. 每個小組從他們的所有想法中挑選出最好的一到兩個工具分享給大團體。將工具各自畫在紙上。

4. 讓學生回到大團體中，並將他們小組所展示的一或兩個工具放到一個更大的工具箱中（如果你有一個盒子、呼拉圈等物品，讓學生可以放置他們的工具，這將有助於繼續這個隱喻）。

⚫二 暖暖的回憶（15 分鐘）

目標：給予並接受其他學生的正向回饋。

設定：學生每人一張白紙和一枝色筆，圍成一個圓圈坐著，你自己也坐在圓圈裡。

流程：向學生解釋在團體合作中你們學到了多少，以及學習不僅來自老師或活動，也來自課堂上的同學。這項活動提供學生一個機會發現在彼此身上學到什麼及欣賞對方什麼。

1. 讓每個學生在頁面的最上方寫下自己的名字。你可以使用自己的紙作為範例，讓他們了解他們的名字應該寫多大。

2. 讓學生知道團體會以順時針方式傳遞紙張，這樣每一輪每個學生都會拿到一張他沒寫過的新紙。

3. 請學生寫下從面前這張紙的主人那裡學到的東西，或是對他們感到欣賞的部分。舉幾個例子：「你很擅長在解決問題時將每個人凝聚在一起。」「當我們分心時，你幫助我們重新聚焦。」「當我們在挑戰中感

到沮喪時，你讓我們發笑以提振情緒。」「你真的很有條理。」

4. 提醒學生他們的評論要適當且簡短，因為沒有第二張紙。

5. 給學生一點時間記錄他們的想法，然後提示他們順時針傳遞紙張。傳遞中如果有一些塞車，**提醒學生要簡短**，但這個問題會在他們寫作和傳遞的同時獲得解決。

6. 繼續書寫和輪換，直到每個人都拿到自己的紙張。

7. 在繼續下一個活動之前，讓學生花幾分鐘時間閱讀其他人對他們的看法。

促進技巧

學生有時會被要寫什麼難倒。在活動開始時，提供一些適當的陳述範例。

🌀 給自己的信（10 分鐘）

目標：記錄在 SELA 課程中的亮點和重要回憶。

設定：發給每個學生白紙和一個信封。

流程：解釋這些將會在暑假過後郵寄給他們。

1. 讓學生在信封上寫下他們的地址。

2. 告訴學生他們要寫一封信給自己，提醒未來的自己在 SELA 課程中有哪些最重要和最有價值的技巧和能力是未來可以使用的。

3. 學生可以隨意寫作，因為老師不會閱讀這些信件，但這些信件應該反思自己在 SELA 課程中的經歷。鼓勵學生在寫作中發揮創造力和表現力。

4. 學生完成後，可以封好信封並將信封交出。

促進技巧

確認學生正確填寫他們的郵寄地址。

附　錄

附錄 Ⓐ 「你曾經……？」句型卡

你曾經…… 　　當過哥哥或 　姊姊嗎？	你曾經…… 　　上過報紙嗎？	你曾經…… 　　上過電視嗎？
你曾經…… 自己種過蔬菜嗎？	你曾經…… 　　去過農場嗎？	你曾經…… 　　爬過山嗎？
你曾經…… 　得過獎盃嗎？	你曾經…… 　得過獎嗎？	你曾經…… 幫助過朋友嗎？

你曾經⋯⋯ 　　去露營過嗎？	你曾經⋯⋯ 　　搭過飛機嗎？	你曾經⋯⋯ 　　到外縣市旅遊 過嗎？
你曾經⋯⋯ 　　在戲劇中表演 過嗎？	你曾經⋯⋯ 　　去聽過演唱會嗎？	你曾經⋯⋯ 　　出國旅遊過嗎？
你曾經⋯⋯ 　　參加過遊行嗎？	你曾經⋯⋯ 　　參加過合唱團 或唱詩班嗎？	你曾經⋯⋯ 　　演奏過樂器嗎？

你曾經…… 　參加過體育社團（田徑隊或球隊）嗎？	你曾經…… 　當過義工嗎？	你曾經…… 　是模範生嗎？
你曾經…… 　寫過一篇非常棒的故事嗎？	你曾經…… 　噗哧大笑嗎？	你曾經…… 　為自己做過一頓飯嗎？
你曾經…… 　打過工嗎？	你曾經…… 　在海上游泳過嗎？	你曾經…… 　去過海灘嗎？

你曾經……　　　你曾經……　　　你曾經……

你曾經……　　　你曾經……　　　你曾經……

你曾經……　　　你曾經……　　　你曾經……

附錄 B 效率與效果里程表

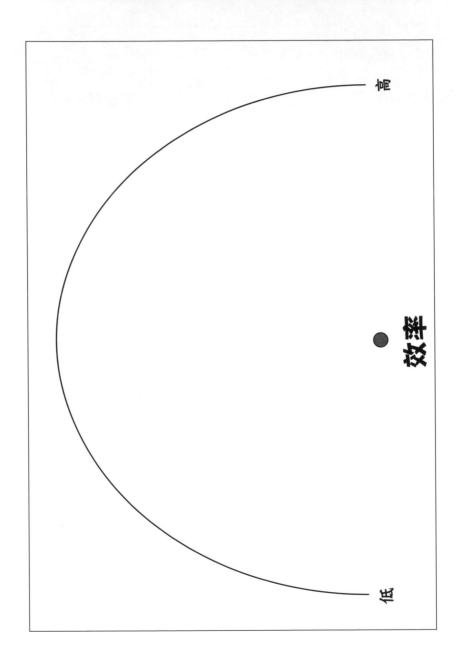

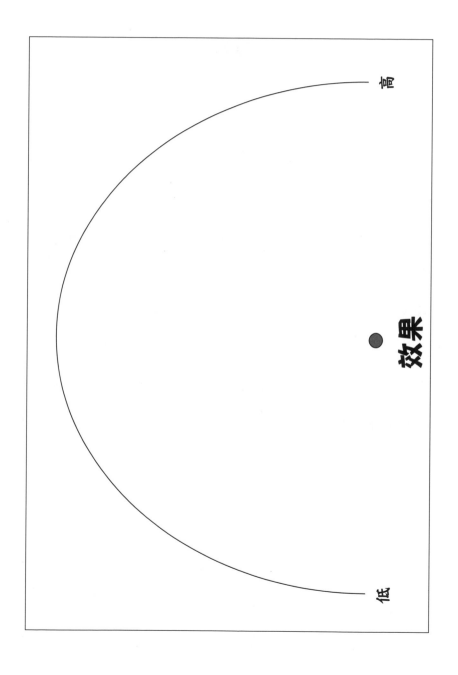

附錄 C　命中目標的規則

目標

以團隊為單位，限時 90 秒盡可能獲得高分。

規則

1. 不能移動籃子與界線。

2. 球必須從線外投入到對應顏色的籃子裡（每投入一個球進入對的籃子中，可得 1 分）。

3. 每顆投入籃子中的球都必須至少彈跳一次。

4. 每個團隊可以決定要有多少投球員與多少撿球員。

5. 每顆球只能由投球員投入籃子裡，投球員必須站在線的後面。

6. 掉在籃子外面的球必須要由撿球員撿拾，撿球員可以站在任何地方。

7. 當所有的球都丟進所有的籃子之後，球可以回收使用。

附錄 D　情緒表

被認可（accepted）	悲觀（pessimistic）	悲傷（sad）
悲慘（miserable）	暴怒（enraged）	不堪負荷（overwhelmed）
不安（restless）	疲憊（exhausted）	平靜（peaceful）
放下（put down）	放鬆（relaxed）	瘋狂（crazy）
大膽（bold）	多疑（suspicious）	調皮戲謔（mischievous）
樂觀（optimistic）	靈活（flexible）	冷靜（calm）
孤獨（lonely）	鼓舞（pumped）	關愛（loving）
狂喜（ecstatic）	快樂（happy）	困惑（confused）
困窘（embarrassed）	恐慌（panicky）	害怕（afraid）
害羞（shy）	好奇（curious）	嫉妒（jealous）
激怒（infuriated）	堅強（strong）	堅決（determined）
緊繃（tense）	緊張（nervous）	謹慎（cautious）
焦慮（anxious）	驕傲（proud）	驚恐（scared）
驚訝（surprised）	沮喪煩亂（upset）	喜怒無常（moody）
歇斯底里（hysterical）	羞愧（ashamed）	興奮（excited）
振奮（inspired）	震驚（shocked）	抓狂（mad）
充滿活力（energetic）	失望（disappointed）	受驚嚇（frightened）
受傷（hurt）	受挫（frustrated）	生氣（angry）
熱切（eager）	自信（confident）	脆弱（vulnerable）
聰明（smart）	有膽量（courageous）	友善（friendly）
厭惡（disgusted）	無聊（bored）	無助（helpless）
鬱悶（depressed）	愚蠢（silly）	愉悅（glad）
勇敢（brave）		

附錄 E　紡紗速度規則

三項規則

1. 傳遞物品必須開始且結束在同一人（不論從誰開始，都必須要繞完一整圈）。

2. 物品的傳遞必須要依序一個人接著一個人（不可以所有人同時碰觸這個物品）。

3. 當這個物品在團體內移動時，每一個玩家在拿到這個物品時都有所有權。

附錄 F　ABCDE 問題解決

ABCDE 問題解決

當在團體中做出影響他人的決定時，請記得……

詢問（Ask）

這個團體目前面臨什麼問題或挑戰？

腦力激盪（Brainstorm）

可能的解決策略有哪些？

選擇（Choose）

選擇一個想法。

執行（Do it）

執行你的想法。

評估（Evaluate）

你的想法有效嗎？

你需要選擇其他不同的想法嗎？

附錄 G　SELA 技能卡

自我覺察	健康的人際關係	有效的溝通
目標設定	問題解決	團體建立
做決策	建立信任	領導力

附錄H 目標繪製表

目標繪製

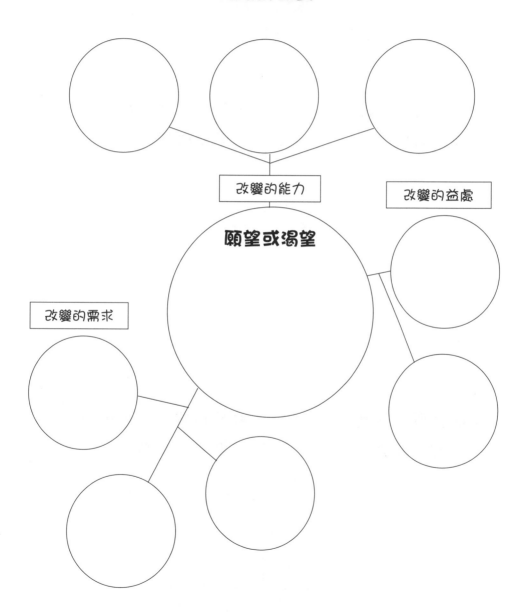

附錄 ① 我的特質卡

我的特質之一是……
　關心其他成員

我的特質之一是……
　奉獻的精神

我的特質之一是……
　好的聆聽者

我的特質之一是……
　歡樂／幽默

我的特質之一是……
支持團隊的決定

我的特質之一是……
協助解決衝突

我的特質之一是……
能夠從他人的立場思考

我的特質之一是……
能夠系統性的思考問題

我的特質之一是……

我的特質之一是……

我的特質之一是……

我的特質之一是……

附錄 J　打孔器遊戲規則

規則

- 圓形標籤和邊界線不能被移動。

- 必須要依照數字順序來碰觸，而且每一個數字都必須要被碰觸到。

- 一次只能有一個人進入邊界內。

- 團隊中的每個成員必須至少碰觸一個數字。

- 每違反一條原則，就要加罰 5 秒的時間。

- 當第一個人跨過起始線時就開始計時。

- 當最後一個人回來跨越終點線（與起給線相同）時，就終止計時。

- 你將會有三次嘗試機會，以盡可能達到最快的團隊總時間。

附錄K 優點／改進工作表

回想一下，在第一輪、第二輪、第三輪遊戲的時候，發生了些什麼事情？

優點 你們做得很好的事情	改進 需要改進的事情
說出團體成員在活動中表現好的地方，請舉兩個**特定的例子**。	團體中有什麼需要改進的地方，請舉出兩個例子。

附錄 L　背對背畫畫

背對背畫畫

第一輪

背對背畫畫

第二輪
....

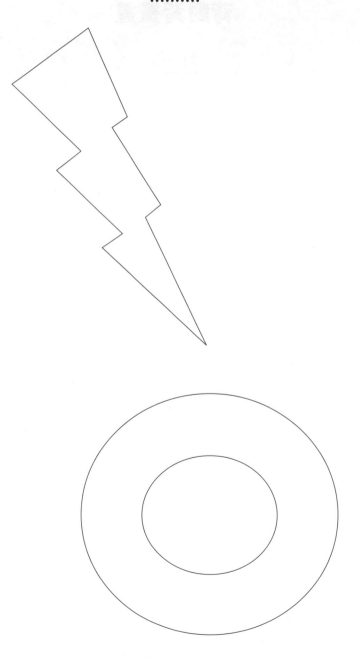

附錄Ⓜ　活動的原始出處

第 1 課

磕磕碰碰（Bumpity Bump Bump）──No Props p. 60

共同性（Commonalities）──Quicksilver p. 76

類別（Categories）──No Props p. 31

第 2 課

交叉連結（Crosstown Connection）──The Hundredth Monkey p. 64

名字的故事（What's in a Name?）──無參考資料

你曾經……？（Have You Ever）──Adventure Curriculum for Physical Education: Middle School p. 19

第 3 課

膝蓋攻防（Knee Tag）──The Hundredth Monkey p. 112

舒適區（Comfort Zones）──Adventure Curriculum for Physical Education: Middle School p. 48

全方位價值概念（Full Value Concepts）──無參考資料

小組雜耍（Group Juggle）──Quicksilver p. 201

第 4 課

全方位價值速兔（Full Value Speed Rabbit）──無參考資料

存在（The Being）──Youth Leadership in Action p. 60

決定拇指（Decision Thumbs）──A Teachable Moment p. 80

第 5 課

向上看，向下看（Look Up, Look Down）──No Props p. 127

機器人（Robot）──Adventure Curriculum for Physical Education:
　　Elementary School p. 156

信任步行（Paired Trust Walk）──Quicksilver p. 229

夏爾巴步行（Sherpa Walk）──No Props p. 154

全方位價值契約（Full Value Contract）──無參考資料

第 6 課

大家站起來（Everybody Up）──No Props p. 157

信任後倒（Trust Leans）──No Props p. 140

風中的柳樹（Wind in the Willows）──No Props p. 141

配對分享（Pair Share）──無參考資料

第 7 課

豬呼叫（Hog Call）──No Props p. 126

信心波浪（Trust Wave）──No Props p. 134

信任跑（Trust Run）──Adventure Curriculum for Physical Education: High
　　School p. 48

低吠和擺尾（Woofs and Wags）──無參考資料

第 8 課

月球（Moonball）──Quicksilver p. 176

命中目標（On Target）──Quicksilver p. 149

效率／效果里程表（Efficiency/Effectiveness Odometer）──A Teachable
　　Moment p. 96

第 9 課

電梯氛圍（Elevator Air）──No Props p. 37

溝通分解（Communication Breakdown）──無參考資料

掘金（Nuggets）──無參考資料

第 10 課

建立情緒表（Creating a Feelings Chart）──無參考資料

情緒猜謎（Emotion Charades）──無參考資料

氣球手推車（Balloon Trolleys）──Quicksilver p. 147

小組問題（Small Group Questions）──無參考資料

第 11 課

抓到你在偷看（Caught Ya Peekin'）──No Props p. 188

樂高雕像（Lego Statue）──無參考資料

加分／扣分（Plus/Delta）──A Teachable Moment p. 173

第 12 課

鹽巴與胡椒（Salt and Pepper）──No Props p. 94

旋轉門（Turnstile）──Silver Bullets p. 156

1、2、3 = 20（1, 2, 3 = 20）──Adventure Curriculum for Physical
　　Education: High School p. 237

傳遞繩結（Pass the Knot）──無參考資料

第 13 課

安靜排隊（Silent Lineup）──Adventure Curriculum for Physical Education:
　　Elementary School p. 199

紡紗速度遊戲（Warp Speed）──Cowstails and Cobras p. 83

星際大戰（Star Wars）──Adventure Curriculum for Physical Education:
　　High School p. 235

連續線段（Continuum）──Adventure Curriculum for Physical Education:
　　Elementary School p. 199

第 14 課

RPS 世界錦標賽（RPS World Championship）——The Hundredth Monkey p. 173

組合 21 點（Group Blackjack）——無參考資料

變牌（Change Up）——Adventure Curriculum for Physical Education: Middle School p. 119

一副牌（Deck of Cards）——A Teachable Moment p. 172

第 15 課

我是誰？（Who Am I?）——無參考資料

虛擬投影片放映（Virtual Slide Show）——A Teachable Moment p. 237

是這樣嗎？（Did Ya?）——無參考資料

第 16 課

全方位價值契約問題回顧（Gotcha FVC Review）——無參考資料

星際之門（Stargate）——Expanded Activity Guide p. 94

重新審視「存在」（The Being Revisited）——無參考資料

第 17 課

你好嗎？（How Do You Do?）——Adventure Curriculum for Physical Education: High School p. 30

我好，你也好（I'm OK, You're OK Tag）——Stepping Stones Activity Guide p. 50

目標繪製（Goal Mapping）——無參考資料

目標長廊（Gallery Walk of Goals）——無參考資料

第 18 課

我的特質（My Qualities）──無參考資料

墊腳石（Stepping Stones）──Quicksilver p. 186

小組問題（Small Group Questions）──無參考資料

第 19 課

魔鬼氈的圈圈（Velcro Circle）──Adventure Curriculum for Physical Education: Middle School p. 49

盲目形狀（Blind Shape）──Cowstails and Cobras p. 81

盲多邊形（Blind Polygon）──Cowstails and Cobras p. 81

單詞接龍（One-Word Whip）──無參考資料

第 20 課

瘋狂氣球（Balloon Frantic）──Silver Bullets p. 19

保護者（Protector）──Stepping Stones Activity Guide p. 181

配對分享（Pair Share）──無參考資料

第 21 課

大家起立（Everybody's Up）──No Props p. 157

空中漂浮（Levitation）──No Props p. 142

連續線段（Continuum）──Adventure Curriculum for Physical Education: Elementary School p. 199

第 22 課

心靈握手（Psychic Handshake）──No Props p. 36

定位正方形（Orient the Square）──Adventure Curriculum for Physical Education: Elementary School p. 203

協商廣場（Negotiation Square）——Adventure Curriculum for Physical Education: Elementary School p. 246

人體攝影機（Human Camera）——No Props p. 123

第 23 課

配對分享目標（Goal Pair Share）——無參考資料

密集傳球（Mass Pass）——Stepping Stones Activity Guide p. 177

籃子投票（Bucket Voting）——A Teachable Moment p. 63

第 24 課

汽車和司機（Car and Driver）——Adventure Curriculum for Physical Education: Elementary School p. 158

別破壞冰塊（Don't Break the Ice）——The Hundredth Monkey p. 72

領導力分析圖 （Leadership Pi Chart）——Stepping Stones p. 115

第 25 課

前／後／左／右（Front/Back/Left/Right）——The Hundredth Monkey p. 79

教唆犯（Instigator）——No Props p. 185

通過陷阱（Pitfall）——Silver Bullets p. 24

通過陷阱的物品（Pitfall Objects）——無參考資料

第 26 課

手指加總（Your Add）——No Props p. 173

打孔器（Keypunch）——Quicksilver p. 169

優點／改進（Plus/Delta）——A Teachable Moment p. 172

第 27 課

傳呼拉圈（Circle the Circle）——Silver Bullets p. 60

移動的小舷窗（Portable Porthole）──Adventure Curriculum for Physical Education: High School p. 54

乘客、船員、船長（Passenger, Crew, Captain）──無參考資料

第 28 課

三角鬼抓人（Triangle Tag）──No Props p. 98

字母湯──斜背車（Alphabet Soup─Fastback）──Stepping Stones Activity Guide p. 161

井字遊戲（Tic-Tac-Toe）──A Teachable Moment p. 91

第 29 課

背對背畫畫（Back-to-Back Draw）──無參考資料

搭橋（Bridge It）──Silver Bullets p. 127

頭條新聞記者（Headliners）──無參考資料

第 30 課

防水布拋接（Tarp Toss）──無參考資料

展開新的一頁（Turn Over a New Leaf）──無參考資料

同心圓（Concentric Circles）──A Teachable Moment p. 76

第 31 課

小組鬼抓人（Team Tag）──Stepping Stones Activity Guide p. 200

解開我的結（Knot My Problem）──The Hundredth Monkey p. 118

傳遞繩結（Pass the Knot）──無參考資料

第 32 課

拇指摔跤（Thumb Wrestling）──Adventure Curriculum for Physical Education: Elementary School p. 163

搶奪巢穴／分享財富（Rob the Nest/Share the Wealth）——Adventure
　　Curriculum for Physical Education: Elementary School p. 248

迅速找到圓圈圈（Hoop Scoot）——無參考資料

第 33 課

進化（Evolution）——No Props p. 175

有毒的廢料（Toxic Waste）——Quicksilver p. 178

毛根雕塑（Pipe Cleaners）——無參考資料

第 34 課

變形鬼抓人（Transformer Tag）——Quicksilver p. 91

尋找出路（Pathways）——Adventure Curriculum for Physical Education:
　　High School p. 63

小組問題（Small Group Questions）——無參考資料

第 35 課

高空墜蛋（Great Egg Drop）——Youth Leadership in Action p. 94

總結：全方位價值契約（FVC Debrief）——無參考資料

第 36 課

工具包（Tool Kit）——無參考資料

暖暖的回憶（Warm Fuzzies）——無參考資料

給自己的信（Letter to Self）——A Teachable Moment p. 148

附錄 N　SELA 材料清單

常見用品

- 白紙
- 筆／鉛筆
- 各色的麥克筆（包括用於在氣球／膠帶上書寫的油性麥克筆）
- 遮蔽膠帶（masking tape）
- 透明膠帶
- 掛圖紙
- 索引卡
- 各色毛根（每個學生三到四根）
- 剪刀
- 細繩
- 用於「搭橋」活動的紙板（第 29 課）
- 吸管
- 紙杯
- 雞蛋（每四到六個學生一個）
- 垃圾袋
- 橡皮筋
- 撲克牌（一副）
- 沙灘球
- 兩塊小防水布（180×250 或 250×300 公分）
- 氣球（每個學生兩個，外加一些備用）
- 五個呼啦圈
- 一輛「火柴盒」式玩具車
- 三套 30 至 40 個基本組件的樂高積木（每套必須包含完全相同的零

件）
- 眼罩／頭巾（每個學生一個）
- 作為起點／終點線的短繩（晾衣繩，五金店販售的繩子或攀岩用的繩子）*
- 長繩（約 15 至 18 公尺）*
- 信封
- 三角錐

【*這些繩子可取自專業材料組（工具包）或購自 Project Adventure。】

以下國內的連鎖文具店或書局亦可採購到上述用品：
- 光南大批發連鎖店
- 久大文具連鎖
- 金石堂書店
- 金玉堂
- 墊腳石

專業材料組／包

這些用品可能不容易找到，以下網站出售這些體驗活動材料／工具包：

http://www.project-adventure.org/props

http://high5adventure.org/store/games-props/kits

- 羊毛球（每位學生一個，多種顏色）
- 兩種橡膠動物（如雞）
- 墊腳石（每個學生一個）
- 密集傳球工具組
- 打孔器組合
- 字母湯
- 有毒的廢料（或 Object Retrieval）

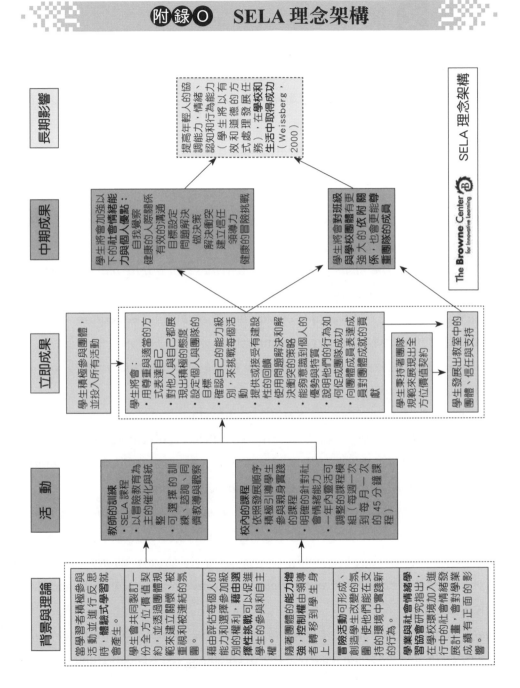

附錄 O　SELA 理念架構

參考文獻

Aubry, P. (Ed.). (2009). *Stepping stones: A therapeutic adventure activity guide.* Beverly, MA: Project Adventure, Inc.

Cain, J., Cummings, M., & Stanchfield, J. (2005). *A teachable moment: A facilitator's guide to activities for processing, debriefing, reviewing and reflection.* Dubuque, IA: Kendall/Hunt.

Collard, M. (2005). *No props: Great games with no equipment.* Beverly, MA: Project Adventure, Inc.

Folan, N. (2012). *The hundredth monkey: Activities that inspire playful learning.* Beverly, MA: Project Adventure, Inc.

Panicucci, J. (2002). *Adventure curriculum for physical education: Middle school.* Beverly, MA: Project Adventure, Inc.

Panicucci, J. (2003). *Adventure curriculum for physical education: High school.* Beverly, MA: Project Adventure, Inc.

Panicucci, J., & Constable, N. S. (2003). *Adventure curriculum for physical education: Elementary school.* Beverly, MA: Project Adventure, Inc.

Rohnke, K. (1984). *Silver bullets: A guide to initiative problems, adventure games, and trust activities.* Beverly, MA: Project Adventure, Inc.

Rohnke, K. (1989). *Cowstails and cobras II: A guide to games, initiatives, ropes courses, & adventure curriculum.* Beverly, MA: Project Adventure, Inc.

Rohnke, K., & Butler, S. (1995). *Quicksilver: Adventure games, initiative problems, trust activities and a guide to effective leadership.* Dubuque, IA: Kendall/Hunt.

Youth leadership in action: A guide to cooperative games and group activities written by and for youth leaders. (1995). Dubuque, IA: Kendall/Hunt.

國家圖書館出版品預行編目（CIP）資料

社會與情緒學習行動方案：正向支持體驗活動／
　Tara Flippo著；彭文松，陳志平，賈士萱譯.
　-- 初版. -- 新北市：心理出版社股份有限公司, 2021. 01
　　面；　公分. --（輔導諮商系列；21127）
　　譯自：Social and emotional learning in action:
experiential activities to positively impact school climate.
　　ISBN 978-986-191-935-5（平裝）

　1.社會教育　2.情緒教育

528.4　　　　　　　　　　　　　　　　　109019966

輔導諮商系列 21127

社會與情緒學習行動方案：正向支持體驗活動

作　　者：Tara Flippo
校 閱 者：孟瑛如
譯　　者：彭文松、陳志平、賈士萱
執行編輯：林汝穎
總 編 輯：林敬堯
發 行 人：洪有義
出 版 者：心理出版社股份有限公司
地　　址：231026 新北市新店區光明街 288 號 7 樓
電　　話：(02) 29150566
傳　　真：(02) 29152928
郵撥帳號：19293172 心理出版社股份有限公司
網　　址：https://www.psy.com.tw
電子信箱：psychoco@ms15.hinet.net
排 版 者：龍虎電腦排版股份有限公司
印 刷 者：龍虎電腦排版股份有限公司
初版一刷：2021 年 1 月
初版三刷：2024 年 9 月
I S B N：978-986-191-935-5
定　　價：新台幣 250 元